Luca Rodolfi

Photoréalisme avec Twinmotion
RASTER – PATH TRACER – LUMEN

édition 2023

Note Légale 5

L'Auteur 6

Remerciements 7

Introduction 8

Qu'est-ce que Twinmotion? 11

    Description 11

L'importance du photoréalisme 16

    Les "trois moteurs" de Twinmotion 17

Fotorealisme avec le Moteur RASTER 25

    Marquée absence d'éclairage global et d'occlusion ambiante. 26

    Absence de réflexion dans les matériaux vitreux et réfléchissants 29

    Absence d'ombres créées par la lumière indirecte 32

    Absence d'ombres colorées causées par des matériaux translucides 34

    Matériau vitreux fade sans reflets lumineux 35

Fotorealisme avec PATH TRACER 40

    Paramètres de Lumière et d'Appareil Photo pour le Photorealisme avec le Path Tracer. 46

    Créer de l'"Eau" avec le Path Tracer 60

    Comment Créer des Nuages avec le Path Tracer 62

Photoréalisme avec LUMEN 64

    Best Practices pour Utiliser Lumen dans Twinmotion 70

    Paramètres de Lumière et de Caméra pour le Photoréalisme avec Lumen 73

Maîtriser les Environnements Urbains 85

    Excellence Architecturale : Rendu de Villes et de Bâtiments 85

    En Mouvement : Voitures et Environnements Urbains 95

Maîtriser l'Archviz : Rendering d'Intérieurs 100

    Le Rôle de l'Éclairage : Sources Naturelles vs. Artificielles 100

    Matériaux : Comment Choisir et Appliquer les Textures 108

    Positionnement de la Caméra : Trouver les Meilleurs Angles 110

La Beauté des Environnements Naturels 111

    Vert et Vivant : Rendu de Roches et Végétation 112

    La Puissance de l'Eau : Simuler des Océans et des Rivières 122

    Monts et Vallées : Capturer les Montagnes 126

Explorer les environnements fantastiques 130

    Science-fiction : Création de paysages futuristes 131

    Retour dans le Temps : Créer des Scènes Historiques et Fantastiques ... 139

    Entrez dans la Matrice : Un regard sur les environnements Cyberpunk 151

Gestion des Conditions Environnementales	156
Le Côté Obscur : Rendu Nocturne	156
Un Nouveau Jour : Rendus avec Lumière Diurne Nuageuse	159
Sous le soleil éclatant : Rendu sous un soleil brillant	160
Conclusions	162

Note Légale

Ce projet est une initiative privée et n'a aucune affiliation directe avec Epic Games ou Twinmotion.

Il est uniquement alimenté par la passion et l'engagement à partager les résultats de diverses expériences. Un merci spécial à Adam Gil pour avoir partagé des idées, effectué des tests et fourni des vérifications croisées.

Copyright 2023 - Luca Rodolfi

Tous droits réservés. Aucune partie de ce livre ne peut être reproduite, stockée ou transmise sous quelque forme ou par quelque moyen que ce soit, sans le consentement écrit de l'auteur, sauf dans le cas de brèves citations incorporées dans des articles ou des critiques. Tous les efforts ont été faits dans la préparation de ce livre pour garantir l'exactitude des informations présentées. Cependant, les informations contenues dans ce livre sont vendues sans garantie, explicite ou implicite. Ni l'auteur, ni ses revendeurs et distributeurs ne seront tenus responsables de tout dommage causé ou présumé être causé directement ou indirectement par ce livre; l'auteur s'est engagé à fournir des informations sur toutes les citations, références et actifs.

Veuillez pardonner ma maîtrise approximative de la langue. Si vous êtes un locuteur natif du français, vous trouverez probablement certaines phrases étranges ou simplement incorrectes.

L'Auteur

Avec plus de 20 ans d'expérience dans la graphique 3D, j'ai eu l'opportunité de contribuer à la communauté de diverses manières. Mon site web, qui propose une gamme de modèles fantasy et de science-fiction, a été visité par des centaines de milliers de personnes du monde entier, et un nombre significatif de modèles 3D a été téléchargé. Je participe aux activités de beta testing de Twinmotion et j'ai pu observer de près l'évolution du logiciel. De plus, je modère le groupe Facebook de Twinmotion, qui compte une communauté croissante de plus de 70.000 membres à la mi-2023. À travers ces activités, je m'efforce de fournir des informations et des ressources précieuses tant aux professionnels qu'aux passionnés dans le domaine du rendu 3D avec Twinmotion.

Quelques-unes de mes rendus réalisés avec Twinmotion - https://www.artstation.com/lucarodolfi

Remerciements

Écrire un livre est une entreprise collective, même si le nom d'une seule personne figure sur la couverture.

Même si j'aimerais mentionner la contribution unique de chaque personne qui a soutenu ce projet, un compte rendu aussi détaillé serait exhaustif et mériterait peut-être un livre à part entière. Ceci étant dit, je tiens à exprimer ma plus profonde gratitude à certaines personnes clés qui ont rendu ce travail possible.

Tout d'abord, je dois une énorme dette de gratitude à ma famille pour leur soutien inconditionnel. Une mention spéciale va à ma femme, Michela, dont la patience n'a jamais fléchi, même pendant les longues heures passées à créer des rendus et à écrire. Ta compréhension et ton encouragement ont été le socle émotionnel sur lequel ce travail a été construit.

Je suis reconnaissant pour chaque contribution, directe ou indirecte, qui a façonné ce livre. À chaque personne qui a joué un rôle dans cette entreprise : votre influence n'est pas passée inaperçue.

Merci à tous d'avoir fait partie de cet incroyable voyage.

Lucas Ammann, Pierr-André Biron, Vincent Boutaud, Roberto De Angelis, Atakan Demirkiran, Anett Mózes Fehér, Adam Gil, James Hannigan, Piotr Ignatowicz, John Klm, Martin Krasemann, Blessing Mukome, Anh Pham, Ken Pimentel, Fabrice Picou, Raphael Pierrat, Rod Recker, Pawel Rymza, Gabriel Sellam, Day Sena, Colin Smith, Joep van der Steen, Tamàs Roth, Sebastien Miglio, Tianxsiao Wang, Janick Valois, Laurent Vidal, Ziggy Ziegler.

Si j'ai involontairement oublié quelqu'un, je m'excuse sincèrement et tiens à exprimer à nouveau ma gratitude pour chaque contribution, grande ou petite, qui a contribué à rendre ce livre possible.

Introduction

Le rendu 3D est depuis longtemps devenu un élément clé pour de nombreuses industries, du cinéma aux jeux vidéo, du métavers émergent à l'architecture. Que vous accédiez aux plateformes de rendu 3D pour le travail ou comme hobby, le matériel dédié d'aujourd'hui et le logiciel toujours plus sophistiqué permettent des processus de développement de plus en plus rapides et efficaces. Cela se traduit par une haute productivité lorsque, pour une raison quelconque, vous devez créer des images et des vidéos dans des environnements virtuels.

S'approcher de ce monde peut être une expérience exaltante. Vous pouvez découvrir votre côté artistique et laisser libre cours à votre imagination: tout comme un peintre crée une toile de rien, un expert d'une plateforme de rendu 3D peut créer n'importe quel "monde" apparemment sans limites.

L'objectif de ce livre est de vous guider dans l'acquisition des compétences nécessaires pour produire des images et des vidéos photoréalistes en utilisant les différents moteurs de rendu que Twinmotion offre. Vous devriez déjà être des utilisateurs de Twinmotion pour pleinement apprécier mes conseils pour atteindre un photoréalisme parfait.

Bien que je fournisse une brève introduction à Twinmotion, vous ne trouverez pas d'exercices ou de conseils pour créer vos scènes, importer des objets ou exploiter les fonctionnalités standard. Au lieu de cela, l'accent sera mis spécifiquement sur l'acquisition des connaissances nécessaires pour générer des images photoréalistes.

Si vous approchez Twinmotion pour la première fois, je vous recommande de pratiquer en utilisant les ressources disponibles en ligne, que ce soit la documentation ou les tutoriels. Un bon point de départ est le suivant (mis à jour pour la version 2023): https://www.twinmotion.com/en-US/docs/2023.1

Ici, vous trouverez toutes les informations nécessaires et toutes les étapes à suivre pour apprendre à utiliser Twinmotion.

Dans ce volume, vous trouverez des directives et des exemples pour créer des images réalistes en utilisant les différents moteurs de rendu que Twinmotion hérite d'Unreal 5. J'utiliserai deux versions de Twinmotion pour vous montrer le chemin vers le photoréalisme, toutes deux relatives à l'environnement Windows (si vous utilisez un Mac, vous bénéficierez toujours grandement de mon livre, même si l'un des moteurs que je décrirai n'est pas supporté par Mac. Vous n'aurez donc pas besoin de vous pencher dessus; vous pouvez sauter ce chapitre sans problème).

Les versions que j'ai utilisées sont:

- Twinmotion 2023.1.2, qui est la dernière version officielle, pour décrire les fonctionnalités et techniques de photoréalisme pour les moteurs de rendu RASTER et PATH TRACER.
- Twinmotion 2023.2Beta4, qui est une build de Twinmotion qui implémente également le moteur LUMEN.

Ce livre sera publié seulement lorsque la version Preview ou finale sera disponible. Si des changements significatifs sont apportés dans la version finale, vous pourrez trouver des corrections à cette adresse: www.rodluc.com.

Note: L'interface utilisateur de Twinmotion est de couleur noire. Pour rendre les paramètres de rendu plus lisibles, vous trouverez souvent des images aux couleurs inversées; le noir-magenta original deviendra un blanc-vert unifié.

Alors, commençons!!

Twinmotion 2023 (Luca Rodolfi)

L'image ci-dessus montre le résultat final d'un projet que j'ai créé avec Twinmotion. Par la suite, il sera expliqué étape par étape comment configurer une scène, choisir les objets, configurer la lumière et la caméra qui "cadre" l'environnement et, finalement, comment "prendre" la photo finale.

Mais qu'est-ce que le rendu 3D en essence ?

Le rendu 3D est le processus de graphiques informatiques 3D qui transforme les modèles 3D en images 2D sur un ordinateur. Les rendus 3D peuvent inclure des effets photoréalistes ou des styles non photoréalistes.

Le rendu est le processus final de création de l'image 2D effective ou de l'animation d'une scène préparée. Cela peut être comparé à la prise d'une photo ou au tournage de la scène après avoir préparé une scène dans la réalité.

Plusieurs méthodes de rendu ont été développées, souvent spécialisées pour des besoins spécifiques : elles vont du rendu en fil de fer non réaliste, à travers le rendu basé sur des polygones, jusqu'à des techniques plus avancées telles que le rendu par scanline, le ray tracing ou la radiosity. Le rendu peut prendre d'une fraction de seconde à plusieurs jours pour une seule image/cadre.

Il existe des méthodes qui sont plus adaptées au rendu photoréaliste ou au rendu en temps réel.

Le rendu pour les médias interactifs, tels que les jeux et les simulations, est calculé et affiché en temps réel, à des vitesses allant de 20 à 120 images par seconde. Dans le rendu en temps réel, l'objectif est d'afficher autant d'informations que l'œil peut percevoir en un court intervalle de temps, c'est-à-dire "dans un seul cadre". Par exemple, dans une animation à 30 images par seconde, chaque image représente un trentième de seconde.

L'objectif principal dans le domaine du rendu est d'atteindre le plus haut degré possible de photoréalisme tout en maintenant une vitesse de rendu acceptable, généralement 24 images par seconde. C'est le minimum nécessaire pour que l'œil humain perçoive avec succès l'illusion du mouvement. En réalité, différentes techniques d'optimisation peuvent être appliquées à la façon dont l'œil "perçoit" le monde. En conséquence, l'image finale présentée n'est pas nécessairement celle du monde réel, mais elle est suffisamment proche pour que l'œil humain la tolère.

Les logiciels de rendu peuvent simuler des effets visuels tels que les flares de lentilles, la profondeur de champ ou le flou de mouvement. Ces tentatives de simulation de phénomènes visuels sont basées sur les caractéristiques optiques des caméras et de l'œil humain. Ces effets peuvent ajouter un élément de réalisme à une scène, même si l'effet n'est qu'un artefact simulé d'une caméra. C'est la méthode de base utilisée dans les jeux, les mondes interactifs et le VRML.
La croissance rapide de la puissance de traitement des ordinateurs a permis un niveau de réalisme de plus en plus élevé, y compris pour le rendu en temps réel, avec des techniques comme le rendu HDR. Le rendu en temps réel est souvent polygonal et pris en charge par la GPU de l'ordinateur.

Les animations pour les médias non interactifs, tels que les films et les vidéos, peuvent prendre beaucoup plus de temps à rendre. Le rendu non temps réel utilise la puissance de traitement limitée pour obtenir une meilleure qualité d'image. Les temps de rendu pour une seule image peuvent varier de quelques secondes à plusieurs jours pour des scènes complexes. Les images rendues sont stockées sur un disque dur, puis transférées sur d'autres supports comme le film cinématographique ou le disque optique. Ces images sont ensuite affichées en séquence à des vitesses élevées, généralement 24, 25 ou 30 images par seconde, pour donner l'illusion du mouvement.
Lorsque l'objectif est le photoréalisme, des techniques telles que le ray tracing, le path tracing, le photon mapping ou la radiosity sont utilisées. C'est la méthode de base utilisée dans les médias numériques et les œuvres d'art.
Des techniques ont été développées pour simuler d'autres effets naturels, comme l'interaction de la lumière avec différentes formes de matière. Des exemples de ces techniques comprennent les systèmes de particules (qui peuvent simuler la pluie, la fumée ou le feu), l'échantillonnage volumétrique (pour simuler le brouillard, la poussière et d'autres effets atmosphériques), les caustiques (pour simuler la concentration de la lumière sur des surfaces irrégulières, comme les reflets de lumière au fond d'une piscine) et le scattering subsurface (pour simuler la réflexion de la lumière à l'intérieur des volumes d'objets solides, comme la peau humaine).
Le processus de rendu est coûteux en termes de calcul, compte tenu de la variété complexe des processus physiques qui sont simulés. La puissance de traitement des ordinateurs a augmenté rapidement au fil des années, permettant un niveau toujours plus élevé de rendu réaliste. Les studios de cinéma qui produisent des animations générées par ordinateur utilisent généralement une ferme de rendu pour générer des images en temps opportun. Cependant, la baisse des coûts matériels signifie qu'il est tout à fait possible de créer de petites quantités d'animation 3D sur un système informatique domestique, compte tenu des coûts associés à l'utilisation des fermes de rendu.

La sortie du moteur de rendu est souvent utilisée comme une petite partie d'une scène cinématographique complète. De nombreuses couches de matériel peuvent être rendues séparément et intégrées dans la prise finale à l'aide de logiciels de composition.

Comme vous l'avez probablement compris jusqu'à présent, Twinmotion (désormais également appelé TM) est un logiciel qui permet le rendu 3D en temps réel, en utilisant trois des moteurs de rendu fournis par Epic Unreal Engine (actuellement à la pointe avec Unreal 5.3).

Qu'est-ce que Twinmotion?

Description

Twinmotion est un logiciel de rendu 3D en temps réel acquis par Epic Games en 2019. Il permet la création d'images et de vidéos d'environnements 3D, offrant aux utilisateurs la possibilité de composer des scènes avec des modèles 3D qui sont disponibles et utilisables nativement dans Twinmotion (comme des arbres, des voitures, des objets courants, etc.) ou en les important de sources externes.

Interface Twinmotion (Documentation officielle)

Bien que le but de ce guide soit de fournir des instructions pour obtenir des résultats photoréalistes et que l'on suppose que vous êtes déjà familier avec les fonctions standard de Twinmotion, dans ces chapitres introductifs je fournirai une description générale de l'interface afin que les utilisateurs puissent naviguer plus facilement dans Twinmotion.

Veuillez consulter la documentation officielle de Twinmotion pour plus d'informations et de directives sur les fonctionnalités.

Si vous n'êtes pas du tout familier avec Twinmotion, ces chapitres pourraient vous offrir quelques astuces. Cependant, pour un aperçu complet de l'utilisation de Twinmotion, je vous renvoie aux nombreuses ressources gratuites disponibles en ligne mentionnées précédemment.

D'un autre côté, si vous êtes déjà à l'aise avec l'interface de Twinmotion, vous pouvez tout à fait sauter ce chapitre et passer au suivant où nous plongerons profondément dans le rendu photoréaliste avec Twinmotion!

L'image ci-dessus montre l'interface de Twinmotion, où nous pouvons identifier 6 zones :

- Top bar
- Header
- Viewport
- Panels
- Docks
- Footer

Pour votre commodité, je vous fournis une description tirée directement de la documentation officielle de Twinmotion. Si vous souhaitez plus de détails, veuillez vous référer directement à cette documentation.

1- Top Bar
Dans la section supérieure se trouve la Top Bar, qui abrite la Menu Bar, indiquant la version actuelle de Twinmotion et offrant la possibilité de lancer Twinmotion en mode plein écran. Située dans le coin supérieur gauche, la Menu Bar comprend les sections File, Edit et Help.
Activer le mode plein écran augmente la taille de l'interface de Twinmotion, enveloppant tout l'écran de votre ordinateur, vous offrant ainsi un espace créatif plus grand.

2- Header
L'Header comprend un raccourci vers le pannello Home, la Toolbar et une invite pour accéder à votre Epic Account et aux services Twinmotion Cloud.
L'icône du pannello Home, située dans le coin supérieur gauche, offre un retour rapide au pannello Home.

Dans la Toolbar, vous avez la possibilité d'activer ou de désactiver la fonction Path Tracer, ainsi que d'accéder à une variété d'outils conçus pour manipuler les éléments dans le Viewport.

Ces outils comprennent le Material Picker et le Translate Tool. En sélectionnant l'icône Open, une gamme plus large de la Toolbar est révélée, offrant un accès à des outils tels que Rotate, Scale, Move with Collision (Early Access), Gravity (Early Access), Toggle Local/World Axis et Pivot Editing.

En accédant à votre Epic Account, un monde de possibilités s'ouvre. Cela inclut le téléchargement et l'utilisation d'actifs basés sur le cloud depuis la Library, en exploitant les capacités de Twinmotion Cloud et en participant à la Twinmotion Support Community. Pour une analyse approfondie de Twinmotion Cloud et de la Twinmotion Support Community, veuillez consulter les sections dédiées à "Twinmotion Cloud" et "Twinmotion Support Community", directement accessibles à partir de la documentation en ligne officielle.

3- Panels
De chaque côté du Viewport, vous trouverez différents Panels composant l'interface utilisateur.
Library Panel : Ici, vous pouvez accéder à une vaste gamme d'actifs 3D pour vos scènes, y compris ceux de Twinmotion ainsi que ceux de Quixel Megascans et Sketchfab.

Le panneau contient également divers outils tels que "Section Cubes" et "Reflection Probes" pour améliorer votre scène avec le moteur raster.

La "Library" n'est pas seulement là pour stocker des assets ; c'est aussi un lieu où vous pouvez sauvegarder vos objets personnalisés et importés, et vous pouvez facilement les partager avec d'autres utilisateurs de Twinmotion.

Panneau "Statistics" : Ce tableau de bord vous offre un aperçu rapide des performances de votre ordinateur et de divers aspects de votre scène, tels que le taux de rafraîchissement et l'utilisation du CPU.

Panneau "Scene" : Il présente l'arborescence de la "Scene", qui montre la structure de tous les éléments présents dans votre scène. C'est utile pour organiser correctement les éléments et faire des ajustements rapides. Le Panneau "Scene" vous donne également accès au panneau "Environment", où vous pouvez modifier l'atmosphère de votre scène.

Le Panneau "XYZ" : Ici, vous pouvez ajuster précisément la position, la rotation, l'échelle et la dimension des objets dans votre scène. C'est également utile pour ajuster la vue de votre caméra.

Panneau "Set of Views" : Auparavant connu sous le nom de "States of the Scene", ce panneau vous permet de créer différentes versions d'une seule scène, chacune avec ses propres paramètres et assets.

Panneau "Properties" : Ce panneau est un hub central pour une variété de paramètres et de fonctionnalités, telles que :

- Ajustement des matériaux
- Paramètres d'exportation pour images, vidéos et panoramas
- Modification d'objets, de paysages, d'éclairage, de véhicules et de personnages
- Remplacement d'assets dans votre scène
- Accès aux métadonnées des assets

La mise en page du panneau est simple, mettant en évidence les paramètres essentiels pour un accès facile.

Dans le panneau "Environment", vous trouverez une gamme de paramètres organisés sous ces onglets:

- "Env" (Environnement) : Cette section vous permet d'affiner l'éclairage global, de sélectionner les conditions météorologiques, de définir les coordonnées géographiques et d'ajouter des environnements HDRI ou des arrière-plans tels que des océans et des rivières.
- "Camera" : Ici, vous pouvez contrôler les paramètres de la caméra tels que le champ de vision, la longueur focale et la profondeur de champ.
- "Render" : Cette zone vous permet de choisir le mode de rendu, que ce soit Real-time Raster, Path Tracer ou Lumen. Les réflexions dans l'espace écran (SSR) peuvent également être activées ici.
- "FX" (Effets) : Utilisez cette section pour ajuster des aspects visuels tels que le contraste et la saturation. Vous avez également l'option d'ajouter des dégradés, des filtres ou même d'appliquer un style de rendu connu sous le nom de "clay" (je vous montrerai son utilité avec le moteur Raster plus tard).

Naviguez à travers le panneau "Environment" pour exploiter au mieux ces paramètres, chacun offrant des contrôles spécifiques pour améliorer votre projet.

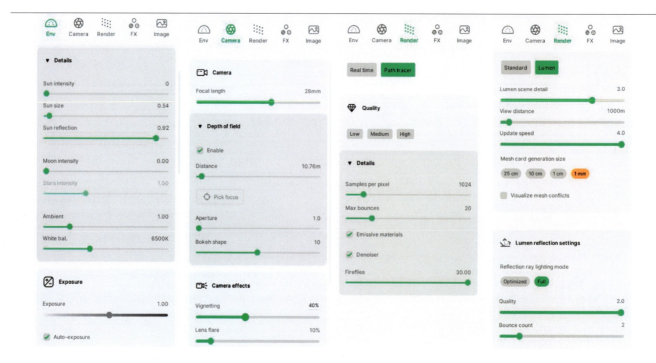

Dans le panneau "Populate", vous pouvez trouver les trois sections suivantes :

- Dans "Foliage", vous pouvez peindre et distribuer la végétation.
- Dans "Paths", vous pouvez créer des chemins animés pour les Personnages, les Bicyclettes, les Véhicules et les chemins Personnalisés.
- Dans "Urban", vous pouvez rechercher et télécharger des zones sur une carte pour ajouter du contexte à votre scène.

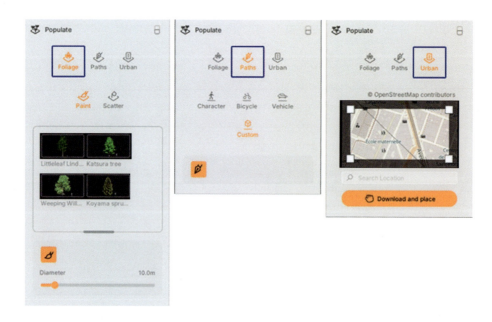

Dans le panneau "Export", vous pouvez exporter des images, des vidéos, des panoramas, des ensembles de panoramas et des présentations, que ce soit localement sur votre ordinateur ou sur Twinmotion Cloud. De plus, vous avez la possibilité de voir et de modifier les paramètres d'exportation globaux pour chaque type de média.

4 – Viewport

Le Viewport sert de toile pour vos scènes 3D, c'est ici que vous verrez votre scène prendre forme lorsque vous importez des assets ou ouvrez des fichiers Twinmotion. Par défaut, il affiche des éléments tels que le Terreno di Partenza, le Paesaggio et la Base. De plus, vous trouverez le panneau de Navigation ici, ainsi que les liens pour utiliser Twinmotion en mode Presenter et pour accéder au menu View.

5 - Les Docks

Sous le Viewport, vous trouverez trois principales zones : le Dock d'Importation, le Dock des Matériaux et le Dock des Médias.

- Dock d'Importation : Ici, vous pouvez lier vos fichiers Datasmith et charger des géométries 3D, des paysages et des fichiers de points cloud.
- Dock des Matériaux : Utilisez cette zone pour créer de nouveaux matériaux et gérer ceux déjà présents dans votre scène.
- Dock des Médias : Cette section est votre point de référence pour gérer les images, vidéos, panoramas et présentations.

6 - Footer

Le pied de page contient des raccourcis pour afficher ou masquer les panneaux et les docks dans l'interface utilisateur.

L'importance du photoréalisme

Dans l'immense univers de la représentation visuelle numérique, une magie particulière a capturé notre imagination collective pendant des décennies : le photoréalisme. Comme son nom l'indique, le rendu photoréaliste est l'art et la science de créer des images presque indiscernables d'une vraie photographie ou, par extension, de la réalité elle-même.

Maintenant, on pourrait se demander, avec tant de styles de rendu disponibles, de l'abstrait volontaire à l'exagéré style cartoon, pourquoi le photoréalisme a-t-il gagné une telle prééminence ? La réponse réside dans l'attraction humaine innée pour le réalisme. Nous sommes fascinés par notre capacité à reproduire la réalité avec un degré si détaillé, car elle sert à la fois un but esthétique et fonctionnel.

Dans des domaines comme la visualisation architecturale, l'impact du photoréalisme est indéniable. Pour les architectes, les promoteurs et les parties prenantes, une représentation photoréaliste peut donner une vision d'un futur bâtiment ou espace dans son environnement prévu. Elle donne une clarté sur la façon dont le soleil pourrait tomber à travers une fenêtre ou comment les gouttes de pluie pourraient s'accumuler sur un chemin nouvellement pavé. De telles visualisations détaillées peuvent être cruciales dans les processus décisionnels, rassurant les investisseurs ou aidant même les concepteurs à identifier les éventuels défauts de conception.

De même, dans l'industrie du jeu vidéo, la course vers le photoréalisme a été incessante. Bien que de nombreux jeux prospèrent sur le style artistique, un large segment du marché aspire à des expériences de jeu hyper-réalistes. Pour ces joueurs, l'excitation réside dans l'expérience de mondes virtuels qui semblent aussi tangibles et immersifs que le nôtre, brouillant les frontières entre réalité et simulation.

Cependant, il ne s'agit pas seulement de créer une image "miroir" du monde réel. Le rendu photoréaliste offre aux artistes et aux développeurs un outil pour se concentrer de manière hyper-détaillée sur des détails qui pourraient autrement passer inaperçus. Il peut éveiller les sens, évoquant des émotions et des sentiments basés sur la pure authenticité de la scène.

Cela dit, le photoréalisme, bien qu'important, n'est qu'un mode d'expression. Il y a des projets où l'abstraction ou la stylisation pourraient mieux servir le message ou le but recherché. Mais dans les cas où le but est de recréer, représenter ou même améliorer la réalité, le rendu photoréaliste se présente comme un puissant témoignage de la créativité humaine et de notre capacité technologique toujours croissante.

À une époque marquée par des avancées technologiques rapides, notre quête du photoréalisme reflète un désir plus profond et intrinsèque. Il ne s'agit pas seulement d'imiter le monde qui nous entoure, mais de le comprendre, de l'apprécier et, parfois, de le réinventer avec une clarté et une précision que seul le photoréalisme peut offrir.

Le domaine de la visualisation architecturale, communément appelé "archviz", a vu une vague de technologies et d'outils permettant aux professionnels de traduire leurs visions en représentations proches de la réalité. Ces outils aident non seulement les architectes et les designers à affiner leurs créations, mais également les parties prenantes à visualiser et comprendre les projets dans leur quasi-intégralité.

Parmi ces puissants outils, Twinmotion se distingue, se taillant une niche particulière, principalement grâce à sa base sur la plateforme Unreal Engine.

Unreal Engine, principalement renommé pour ses contributions à l'industrie du jeu vidéo, apporte un riche patrimoine de capacités de rendu en temps réel, de robustesse et d'évolutivité. Lorsque Twinmotion a décidé d'exploiter cette plateforme, il puisait dans un réservoir de potentiel visuel de pointe. Cette collaboration a efficacement comblé le fossé entre les avancées technologiques du monde du jeu et les besoins nuancés de la visualisation architecturale.

Bien que de nombreux outils dans le domaine de l'archviz utilisent différents moteurs de rendu, ce qui rend Twinmotion unique, c'est sa capacité à tirer parti de plusieurs technologies de rendu. La capacité du logiciel à utiliser le rendu basé sur le raster garantit un retour rapide, ce qui est essentiel pendant les phases initiales de conception lorsque les modifications sont fréquentes et itératives. D'un autre côté, son utilisation du moteur Path Tracer augmente la qualité du rendu, permettant des interactions lumineuses plus réalistes, des réflexions et des représentations détaillées.
Cependant, la véritable percée pour Twinmotion est venue avec sa version 2023.2, qui a intégré la technologie d'éclairage global en temps réel Lumen. Lumen, salué par beaucoup comme le summum du rendu 3D en temps réel, a révolutionné la manière dont les scènes sont éclairées, comment les ombres sont projetées et comment les réflexions sont capturées. Avec Lumen, les scènes architecturales prennent vie avec une gamme dynamique d'interaction entre lumière et ombre qui était auparavant inaccessible dans les visualisations en temps réel.

Alors, quel est le rôle de Twinmotion dans le vaste paysage des outils d'archviz ? C'est un pont entre la vitesse et l'efficacité du rendu de jeu en temps réel et les besoins précis et axés sur le détail de la visualisation architecturale. Il allie le meilleur des deux mondes, en faisant un atout indispensable pour les professionnels exigeant à la fois vitesse et qualité visuelle inégalée. En s'appuyant sur les points forts de Unreal Engine et en intégrant constamment des avancées comme Lumen, Twinmotion affirme sa place à la pointe des technologies de visualisation architecturale.

En fin de compte, Twinmotion incarne comment l'avenir de la visualisation architecturale ne consiste pas seulement en des images photoréalistes statiques, mais en des expériences visuelles dynamiques, interactives et profondément immersives.

Les "trois moteurs" de Twinmotion

La première question que vous pourriez vous poser est : "Pourquoi trois moteurs et pas seulement un ?" et je peux confirmer que c'est une question pertinente.
La présence de ces trois moteurs a des raisons historiques, car chaque moteur supplémentaire est le résultat de l'évolution de l'Unreal Engine. En effet, le premier moteur disponible (utilisé comme moteur 3D en temps réel pour les jeux vidéo) est le moteur Raster.
Par la suite, le Path Tracer a été introduit, ayant des caractéristiques complètement différentes de celles du raster. Et enfin, dans cette version de Twinmotion, nous avons Lumen, un moteur similaire au Raster mais grandement amélioré et doté de fonctionnalités axées sur le photoréalisme.
Chaque moteur a ses propres particularités et, selon vos besoins de rendu, l'un pourrait être plus approprié que l'autre.
En réalité, le moteur Raster pourrait être abandonné et ne plus être utilisé car Lumen en est l'évolution naturelle. Cependant, il est utile de comprendre comment créer des images photoréalistes avec le moteur Raster. Ce moteur a un avantage que les deux autres n'ont pas : il nécessite moins de ressources de calcul pour produire des rendus. Pensez-y comme un "plan B" pour lorsque la scène que vous avez créée dans Twinmotion devient trop grande et exigeante pour les spécifications de votre ordinateur, vous empêchant d'utiliser les deux autres moteurs, qui sont plus gourmands en ressources.
À moins que vous envisagiez une mise à niveau matérielle dans ces cas-là, le moteur Raster peut faire face à diverses situations exigeantes. C'est pourquoi je consacrerai également de l'espace au moteur Raster.

En parlant de ressources de calcul, rappelons-nous des configurations recommandées tant pour les PC Windows que pour les Macs.

Windows (RASTER + PATH TRACER + LUMEN)
- Système d'exploitation : Windows 10 64 bits version 1909 révision .1350 ou supérieure, ou versions 2004 et 20H2 révision .789 ou supérieure.
- Processeur : Quad-core Intel ou AMD, 2,5 GHz ou plus.
- Mémoire : 8GB VRAM / 16GB RAM.
- Carte graphique : Carte compatible avec DirectX 11 ou 12.
- Versions RHI : DirectX 11 : Pilotes les plus récents, DirectX 12 : Pilotes les plus récents, Vulkan : AMD (21.11.3+) et NVIDIA (496.76+).

Mac (RASTER + LUMEN)
- Système d'exploitation : Dernière version de Monterey.
- Processeur : Quad-core Intel, 2,5 GHz ou plus.
- Mémoire : 8GB VRAM / 32GB RAM.
- Carte vidéo : Carte compatible avec Metal 1.2.

Si vous êtes un utilisateur Mac, vous pourriez vous demander pourquoi le Path Tracer n'est pas pris en charge. La réponse ne se trouve pas, comme vous pourriez le penser, dans le souhait de Twinmotion et d'Epic Games de sortir une version Path Tracer pour Mac. La raison pour laquelle les utilisateurs Mac ne peuvent pas utiliser le Path Tracer dans Unreal Engine est qu'Apple ne prend pas encore en charge le ray-tracing accéléré matériellement et donc, le Path Tracer ne le prend pas en charge non plus.

Je tiens à souligner que pour tirer pleinement parti de Twinmotion et des trois moteurs dans un environnement Windows pour des scènes raisonnablement complexes, vous aurez besoin d'un PC assez récent. Je vous montrerai quelques astuces pour gérer au mieux des situations où les scènes risquent d'être trop importantes pour être rendues efficacement. Toutes les images que vous verrez dans ce livre ont été rendues par moi sur un PC relativement ancien (qui a seulement été mis à jour avec une carte graphique récente). Les spécifications de mon PC sont :

- Windows 10 64 bits.
- Processeur : Intel(R) Core(TM) i7-4790K CPU @ 4,00GHz.
- Mémoire : 32 GB.
- Carte graphique : RTX3070 8G VRAM.

Comme ce livre n'est pas un thriller et vise à être un guide pratique sans fioritures inutiles, je vous dirai dès le début quand il est logique d'utiliser un moteur de rendu plutôt qu'un autre. Plus loin dans le livre, je montrerai, pour chaque moteur, comment transformer vos rendus en images photoréalistes, en décrivant les limites et les capacités des différents moteurs. Dans une section dédiée, je vous montrerai quelques astuces pour améliorer le réalisme photographique qui s'appliquent à tous les moteurs.

- RASTER : Comme je l'ai déjà mentionné, vous utiliserez Raster lorsque vous ne pouvez pas utiliser Lumen, généralement à cause des limitations de votre station de travail. Il n'y a pas d'autre raison pour laquelle vous pourriez préférer Raster par rapport aux deux autres moteurs.
- PATH TRACER : Pour tout rendu d'images fixes, rien ne peut égaler les capacités photoréalistes du Path Tracer. Vous verrez plus loin pourquoi ce moteur est si extraordinaire. Cependant, vous découvrirez rapidement ses limites lorsque vous passerez des images fixes à la création de vidéos.

- LUMEN : Pour tout contenu vidéo, Lumen est la solution définitive. La qualité du rendu est, sous certains aspects, comparable à celle du Path Tracer, mais sa vitesse de rendu est nettement plus rapide. Par conséquent, il est toujours préféré au Path Tracer lors de la création d'animations et de vidéos.

Dans les images qui suivront, je vous montrerai comment les trois moteurs réalisent le rendu pour une même scène. Pour chaque rendu, je mettrai en évidence certains "problèmes" typiquement associés aux moteurs. Plus loin, vous verrez comment aborder certaines des questions que je souligne.

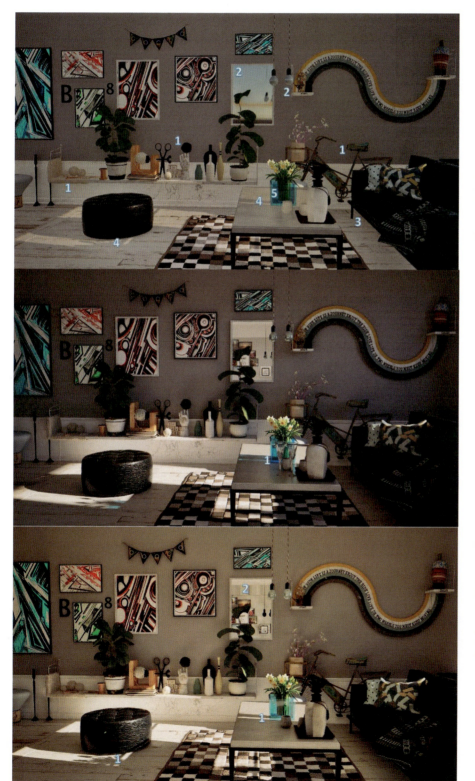

MOTEUR RASTER

1 - Absence marquée d'illumination globale et d'occlusion ambiante.

2 - Absence de réflexion dans les matériaux brillants et réfléchissants (comme les miroirs).

3 - Absence d'ombres créées par la lumière indirecte.

4 - Absence d'ombres colorées causées par des matériaux translucides tels que le verre coloré.

5 - Matériau verreux plat sans reflets lumineux.

MOTEUR PATH TRACER

1 - Absence de caustiques ; la lumière passe à travers le verre coloré mais ne génère pas de caustiques réfléchissants.

MOTEUR LUMEN

1 - Absence d'ombres colorées ; les matériaux translucides tels que le verre coloré ne sont pas rendus de manière physiquement précise.

2 - La qualité de la réflexion est supérieure à celle du Raster, mais révèle quelques artefacts.

Faisons le même test, mais avec une image d'un environnement extérieur. Veuillez noter que ce sont des représentations obtenues en configurant la scène et en produisant le rendu avec les trois moteurs différents. Ce ne sont pas des scènes optimisées pour le meilleur photoréalisme. Plus tard, nous reconsidérerons ces scènes pour découvrir quels paramètres et astuces utiliser pour les améliorer (en particulier Raster et Lumen).

MOTEUR RASTER

1 - Absence marquée d'illumination globale et d'occlusion ambiante.

2 - Absence de reflets dans les matériaux vitreux et réfléchissants (comme les miroirs).

3 - Absence d'ombres créées par la lumière indirecte.

4 - Image plate sans profondeur.

5 - Matériau vitreux plat sans reflets lumineux.

MOTEUR PATH TRACER

1 - L'image, en termes de couleur et de contraste, manque de ces caractéristiques qui pourraient la faire ressembler à une véritable photographie.

MOTEUR LUMEN

1 - Le verre semble inexistant et ne montre aucune réflectivité.

Ces deux premières comparaisons mettent immédiatement en évidence comment le Path Tracer peut atteindre le photoréalisme dès le départ. Une fois que la lumière est correctement réglée, le Path Tracer génère rapidement des rendus de qualité. Lumen offre d'excellents résultats, bien que, comme vous le verrez plus tard, sa configuration soit un peu plus complexe. Raster reste (comme je l'ai écrit à plusieurs reprises) le moins convaincant, mais même avec ce moteur, on peut obtenir des résultats plus qu'acceptables si l'on parvient à configurer efficacement le thème des reflets et de la lumière. Quelques petites astuces nous aideront à améliorer les zones où le moteur raster montre plusieurs limitations.

Avant de plonger dans les secrets du photoréalisme de Twinmotion, je vous offre un bref aperçu des trois moteurs. Il est utile de savoir comment ils fonctionnent car cela nous aide à mieux comprendre comment ils pourraient réagir selon nos instructions.

Nous verrons en détail comment, avec les trois moteurs, il est possible de gérer et de rendre photoréaliste:

- Les environnements urbains (villes, bâtiments, voitures)
- Les environnements naturels (végétation, océans, montagnes)
- Les environnements fantasy (science-fiction, historiques, cyberpunk)

Dans différentes conditions environnementales (en utilisant le ciel natif de Twinmotion ainsi que les Skydomes basés sur HDRI):

- La nuit
- Pendant la journée
- Avec pluie et neige
- Avec un soleil d'été éclatant.

De nombreux exemples vous guideront vers la recette parfaite pour le photoréalisme. Tout en vous guidant à travers des exemples concrets, je saisirai également l'occasion pour inclure des observations et des meilleures pratiques qui peuvent vous aider à optimiser votre flux de travail. De cette manière, vous pourrez mieux comprendre les concepts et les appliquer directement pour améliorer vos compétences de rendu 3D.

Quelques informations sur le moteur raster

Dans le vaste domaine du développement de jeux vidéo, l'Unreal Engine a été un phare pour de nombreux créateurs. Une composante essentielle de cet outil puissant est son moteur raster. Au cœur, la rasterisation est le processus de conversion des représentations géométriques d'objets en un format adapté à l'affichage sur un écran, pixel par pixel. Dans l'Unreal Engine, ce processus a été perfectionné et optimisé pour fournir des visuels époustouflants en temps réel.

Les principes sur lesquels repose le moteur raster d'Unreal sont issus des concepts fondamentaux de la graphique informatique. Chaque scène est décomposée en formes géométriques qui sont ensuite mappées sur une grille de pixels - le raster. Chaque pixel est coloré en fonction de textures, éclairages et autres effets, nous fournissant l'image finale que le joueur voit.

L'éclairage et les ombres sont des aspects critiques du réalisme dans les jeux, et l'Unreal Engine les gère avec une approche sophistiquée. Le moteur raster calcule comment la lumière interagit avec différents objets, déterminant la luminosité et la couleur de chaque pixel. Les ombres sont produites en analysant la relation entre les sources lumineuses et les objets, en veillant à ce que les zones ombragées le soient de manière appropriée. Cela est particulièrement exigeant dans les scénarios en temps réel, mais le moteur d'Unreal utilise plusieurs techniques pour accélérer ce processus.

Les reflets jouent également un rôle fondamental dans l'immersion. Le moteur raster calcule les reflets en évaluant l'angle de la lumière incidente et en déterminant comment elle rebondit sur les surfaces. C'est un processus complexe qui implique à la fois les propriétés de la lumière et les attributs du matériau.

En parlant de matériaux, le moteur raster de l'Unreal Engine dispose d'un système de matériaux avancé. Chaque matériau est défini par ses caractéristiques - comme sa rugosité, sa réflectivité et ses textures. Ces propriétés déterminent comment la lumière interagit avec la surface, qu'il s'agisse de l'éclat brillant d'une voiture ou du fini mat d'un mur de pierre.

Il y a des avantages indéniables à utiliser le moteur raster d'Unreal. Il est rapide, efficace et capable de produire des images de haute qualité avec moins de surcharge computationnelle que les méthodes de ray tracing. Cependant, comme toutes les technologies, il a ses limites. Le défi intrinsèque de la rasterisation est qu'elle ne gère pas toujours l'éclairage global ou les interactions lumineuses complexes avec la même précision que le ray tracing.
Dans le paysage en évolution d'aujourd'hui, certains considèrent le moteur raster d'Unreal comme étant dépassé par d'autres moteurs qui privilégient le ray tracing pour son réalisme supérieur. Mais pourquoi est-il encore en usage ? Son héritage, son optimisation et sa facilité d'utilisation en font le choix préféré de nombreux développeurs. À mesure que de nouvelles technologies émergent, le moteur raster d'Unreal reste un témoignage de l'équilibre entre performances et qualité visuelle, le rendant un outil précieux dans l'arsenal du développeur de jeux.

Path Tracer : À la Poursuite du Photoréalisme

Dans la danse complexe de la lumière et de l'ombre, le path tracing se distingue comme une méthode capturant le jeu fascinant de l'éclairage avec une précision quasi-photorealistique. Contrairement à la technique de rasterisation, plus rapide mais moins précise, le path tracing vise à simuler la manière dont la lumière voyage et interagit avec les objets, produisant des images souvent indiscernables de la réalité.

Au cœur, le path tracing est une variante du ray tracing. Il implique l'émission de rayons depuis la caméra (ou du point de vue de l'observateur) dans une scène. Plutôt que de terminer ces rayons lors de leur premier contact avec un objet, comme le font certaines techniques de ray tracing plus simples, le path tracing permet à ces rayons de rebondir à plusieurs reprises, simulant la dispersion de la lumière. Cette nature récursive imite la manière dont les photons voyagent dans le monde réel, rebondissant sur les surfaces jusqu'à ce qu'ils perdent de l'énergie ou soient absorbés.

La façon dont le path tracing gère l'éclairage est à la fois sa force et son défi computationnel. Chaque fois qu'un rayon frappe une surface, il peut générer de multiples rayons secondaires dans des directions aléatoires, en tenant compte des réflexions, réfractions et dispersions diffuses.

En moyennant les résultats de nombreux rayons pour chaque pixel, le path tracing produit une image riche en détails et sans le bruit souvent associé à des techniques de ray-casting plus simples.

La manière dont il traite les matériaux est remarquable. Lorsque les rayons interagissent avec différentes surfaces, ils considèrent les propriétés physiques des matériaux, comme leur albédo, indice de réfraction et rugosité de surface. Cela assure qu'un sol en marbre poli reflétera la lumière différemment d'un rideau doux en velours.

Mais avec un tel niveau de détail viennent de grandes exigences computationnelles. Le principal défi du path tracing est sa demande intense en ressources. Chaque trajet du rayon et ses rebonds successifs nécessitent des calculs, et pour une seule image, des millions de rayons pourraient être lancés. Cela peut entraîner des temps de rendu plus longs, le rendant plus adapté au rendu hors ligne, comme dans les films, plutôt que dans des scénarios en temps réel comme les jeux vidéo.
Cependant, les progrès matériels et les algorithmes optimisés réduisent cet écart, rendant le path tracing en temps réel une réalité envisageable. Alors que certains moteurs graphiques modernes tendent vers des stratégies hybrides, intégrant à la fois des techniques de rasterisation et de ray tracing, le charme fidèle du path tracing reste irrésistible pour ceux qui cherchent le sommet du réalisme visuel.

Lumen: Éclairer la Voie avec Unreal Engine

Dans la quête constante d'un réalisme et d'une immédiateté toujours plus poussés dans la graphique informatique, Lumen se distingue au sein de l'Unreal Engine comme un phare d'innovation. Ce n'est pas seulement une technologie d'éclairage, c'est aussi le témoignage d'une évolution continue dans le monde du développement de jeux vidéo et de la visualisation.
Lumen est une solution d'éclairage global entièrement dynamique qui réagit instantanément aux changements de scène et de lumière, offrant la possibilité de créer des mondes plus dynamiques et réactifs. Historiquement, obtenir un éclairage global en temps réel était un défi considérable. Les besoins en calcul pour déterminer comment la lumière interagit avec chaque objet dans une scène, et comment cette lumière affecte ensuite d'autres objets, étaient énormes.
Ce qui distingue Lumen est son adaptabilité et sa capacité à évoluer. Plutôt que de s'appuyer uniquement sur le ray tracing, qui, bien qu'extrêmement précis, peut être gourmand en ressources, Lumen utilise une combinaison de techniques. Il exploite à la fois des techniques traditionnelles dans l'espace écran et trace des rayons de manière plus limitée, équilibrant entre performances et précision visuelle.
La manière dont Lumen gère différentes scènes est remarquable. Qu'il s'agisse de vastes paysages avec une lumière solaire changeante ou d'intérieurs complexes avec de multiples sources lumineuses, Lumen s'adapte, offrant des ombres douces, des reflets et des éclairages. Il est particulièrement doué pour gérer l'éclairage indirect - cette douce lueur que vous pourriez voir sur un mur opposé à une fenêtre très éclairée, ou les reflets subtils dans une pièce remplie d'objets brillants.
En ce qui concerne les matériaux, Lumen excelle (jeu de mots). Son intégration avec l'Unreal Engine signifie qu'il fonctionne harmonieusement avec le système de matériaux éprouvé du moteur. Que ce soit pour représenter la surface rugueuse d'un mur de briques ou l'extérieur brillant d'une voiture, Lumen s'assure que les matériaux réagissent à la lumière de manière réaliste.

Cependant, comme toute technologie, Lumen a ses défis. Bien qu'il comble le fossé entre le besoin de vitesse et la fidélité visuelle, il n'est pas toujours le premier choix pour toutes les situations. Des scènes extrêmement détaillées avec d'innombrables interactions lumineuses peuvent toujours le mettre à rude épreuve.

Pourtant, l'avènement de Lumen signale un changement dans les capacités de rendu en temps réel. Avec l'évolution continue du matériel graphique, des solutions comme Lumen ouvrent la voie aux développeurs pour créer des expériences qui estompent la frontière entre le virtuel et le réel, sans avoir à lutter contre de longs temps de cuisson ou des configurations d'éclairage rigides.

En plongeant dans la mise en œuvre de Lumen pour Twinmotion, Lumen s'établit comme un outil d'éclairage et de réflexion global en temps réel au sein de Twinmotion, redéfinissant comment les scènes du logiciel sont éclairées.
Au cœur de la magie de Lumen se trouve sa simulation précise de la manière dont la lumière interagit avec les objets et les matériaux. Cette interaction donne à vos scènes une profondeur et un réalisme qui nécessitaient auparavant des techniques avancées et un traitement lourd.
Le rendu en temps réel de Twinmotion via Lumen le propulse en avant avec le ray tracing, simulant l'éclairage indirect avec une précision étonnante. Cela comprend la lumière indirecte diffusée, où la lumière rebondit sur des surfaces non réfléchissantes pour éclairer les objets environnants, en adoptant leurs teintes de couleur.
Les réflexions spéculaires, en revanche, se produisent lorsque les faisceaux de lumière rebondissent sur des surfaces brillantes, semblables à ce que vous verriez avec un miroir. Le savoir-faire technique de Lumen va au-delà. Il recueille les propriétés des matériaux des maillages sous différents angles pour créer un "Cache de Surface". Ce cache est une mine d'informations directes et indirectes sur l'éclairage à partir de laquelle Lumen puise lors du rendu. Les "cartes maillées" à l'intérieur de ce cache sont préparées hors ligne pour chaque maillage, optimisant le processus de rendu.

Une des pierres angulaires des capacités de Lumen est le ray tracing. Alors que le ray tracing logiciel est polyvalent sur différents matériels, le ray tracing matériel, que Twinmotion prend actuellement en charge uniquement sur Windows, offre des capacités plus étendues mais nécessite des spécifications système robustes.
Lumen ne se contente pas de révolutionner l'éclairage pour Twinmotion, il rehausse l'ensemble du processus de visualisation. Cela signifie que les utilisateurs peuvent désormais s'attendre à une fidélité visuelle accrue dans chaque aspect de leur scène, des détails les plus minutieux aux éclairages les plus vastes.

L'avenir est radieux pour les artistes graphiques, les architectes et les designers grâce à des solutions comme Lumen. En adoptant ces technologies, les professionnels peuvent désormais présenter leur vision de manière encore plus réaliste et immersive, établissant de nouvelles normes pour la visualisation architecturale et la conception de jeux. Les progrès futurs ne feront que renforcer cette trajectoire, promettant une plus grande immersion et une fidélité encore plus grande pour tous.   .

Fotorealisme avec le Moteur RASTER

Embarquons-nous dans un voyage avec le moteur le plus complexe pour la réalisation de rendus photoréalistes, le moteur qui nécessite les configurations les plus élaborées et les astuces pour obtenir des résultats satisfaisants. C'est peut-être un moteur que vous n'utiliserez jamais, mais qui pourrait "vous sauver la mise" lorsque vous êtes confronté à une scène devenue trop volumineuse pour les deux autres moteurs.

Le moteur RASTER est équipé d'une série de paramètres sur mesure pour sculpter l'aspect visuel du rendu. En ajustant précisément ces réglages, vous pouvez améliorer considérablement la qualité globale du rendu.

Paramètres du Raster engine

GI Intensity: Ce paramètre ajuste l'intensité de l'illumination globale.

GI Distance: Contrôle la distance depuis la caméra à laquelle l'illumination globale est appliquée. Par exemple, si la valeur est définie à 400 mètres, l'illumination globale est appliquée uniquement aux premiers 400 mètres depuis la caméra.

Shadow: Détermine la distance depuis la caméra où les ombres sont projetées sur les objets. Si la valeur est réglée à 500 mètres, les ombres sont projetées uniquement pour les 500 premiers mètres depuis la caméra. Des valeurs plus basses offrent un rayon d'ombre plus court mais avec des ombres plus détaillées (haute résolution). Inversement, des valeurs plus élevées offrent un rayon d'ombre plus long mais produisent des ombres moins détaillées.

Shadow Bias: Augmenter cette valeur permet de réduire les artefacts d'auto-ombrage sur l'objet, mais cela peut également diminuer la qualité de l'ombre.

Reflection - SSR: Ajoute des réflexions locales sur les surfaces réfléchissantes opaques; les surfaces locales sont créées en utilisant des éléments présents dans la scène qui sont visibles.

L'option "Export Refinement" vous permet d'augmenter la zone de réflexion au-delà du champ visible du viewport, améliorant ainsi la qualité du rendu.

Commençons par le premier exemple que je vous ai montré précédemment et voyons comment nous pouvons aborder au mieux les problèmes de photoréalisme qu'il présente.

MOTEUR RASTER

1 - Absence marquée d'illumination globale et d'occlusion ambiante.

2 - Absence de réflexion dans les matériaux brillants et réfléchissants (comme les miroirs).

3 - Absence d'ombres créées par la lumière indirecte.

4 - Absence d'ombres colorées causées par des matériaux translucides tels que le verre coloré.

5 - Matériau verreux plat sans reflets lumineux.

Marquée absence d'éclairage global et d'occlusion ambiante.

Vous devriez être familier avec les concepts d'éclairage global et d'occlusion ambiante, mais si ce n'est pas le cas, je fournis ici une brève description pour éliminer toute ambiguïté lorsque nous discutons de ces deux sujets cruciaux dans le domaine du photoréalisme.

Éclairage Global (GI) :
Dans le domaine du rendu, en particulier avec des outils tels que Twinmotion et Unreal Engine, l'Éclairage Global est une technique incontournable. Fondamentalement, l'Éclairage Global se réfère à la simulation de la manière dont la lumière interagit non seulement avec une surface unique, mais comment elle se reflète, se réfracte et se diffuse sur plusieurs surfaces d'une scène. Contrairement à l'éclairage direct, qui éclaire des objets en se basant uniquement sur une source lumineuse directe, la GI calcule la lumière indirecte qui rebondit entre les surfaces, offrant un modèle d'éclairage plus réaliste et holistique. Cette attention à la lumière indirecte est essentielle pour obtenir la profondeur et le réalisme qui reflètent la complexité de l'éclairage dans le monde réel.

Occlusion Ambiante (AO) :
Un autre concept clé dans le rendu avec des outils comme Twinmotion et Unreal Engine est l'Occlusion Ambiante. L'AO fournit une méthode pour simuler les ombres douces qui apparaissent dans les coins, les arêtes et les crevasses des objets, où la lumière ambiante est moins susceptible d'atteindre. Elle ne concerne pas tant l'interaction directe de la lumière, mais son absence. En assombrissant les zones où deux surfaces se rencontrent, ou là où il y a des plis et des retraits, l'Occlusion Ambiante ajoute une couche de profondeur et de réalisme, mettant en valeur les relations spatiales dans une scène. Bien que subtil, son impact sur la perception du réalisme et de la profondeur dans un rendu est considérable.

N'oubliez pas que, bien que l'Éclairage Global et l'Occlusion Ambiante contribuent grandement au réalisme d'une scène, les nuances de leur application et de leur réglage peuvent varier selon le moteur de rendu spécifique utilisé. Dans le contexte de Twinmotion et Unreal, ces deux techniques sont pleinement exploitées et optimisées pour la visualisation architecturale et au-delà.

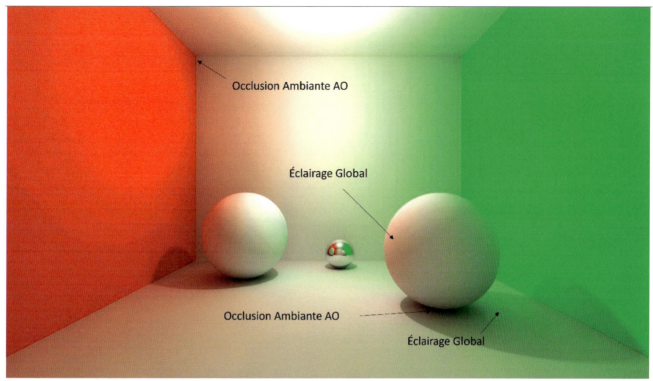

Web image

Les possibilités d'améliorer ces paramètres dans le moteur raster sont vraiment limitées et concernent souvent l'utilisation précise de la lumière et de son intensité. Si vous observez les images précédentes, vous remarquerez qu'avec les mêmes paramètres, le rendu effectué avec le moteur raster présente beaucoup moins de contrastes et la lumière entrant par la fenêtre est moins "intense" par rapport aux rendus réalisés avec Path Tracer et Lumen. Un point de départ pour l'intervention est de travailler sur la luminosité, le contraste, l'exposition et la saturation de l'image.

Ainsi, travaillons sur le contraste et l'exposition pour obtenir une lumière de fenêtre plus éclatante. Vous pouvez ajuster les paramètres et voir les résultats de vos actions en temps réel.

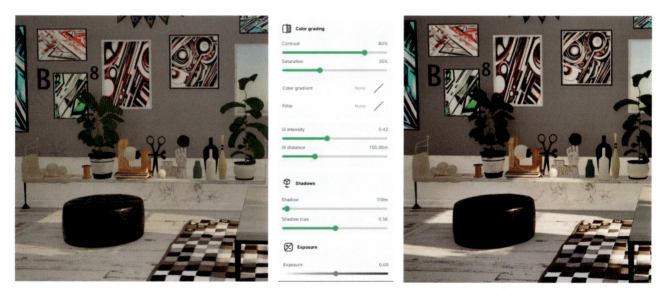

Comme vous pouvez le voir, avec seulement quelques paramètres, le moteur Raster améliore le rendu de la lumière (à droite), bien qu'il ne traite pas entièrement le problème de l'illumination globale. Si vous avez la capacité d'utiliser un outil externe comme Photoshop, Twinmotion offre une fonctionnalité de rendu intéressante qui permet, avec un peu de travail de composition, d'améliorer davantage les aspects de l'illumination globale et de l'occlusion ambiante avec le moteur raster.

Ce processus est relativement simple pour les images statiques, mais devient plus complexe si vous souhaitez créer des vidéos.
Voyons ce qui peut être fait : dans l'onglet effets de Twinmotion (FX), vous pouvez sélectionner le rendu Clay :

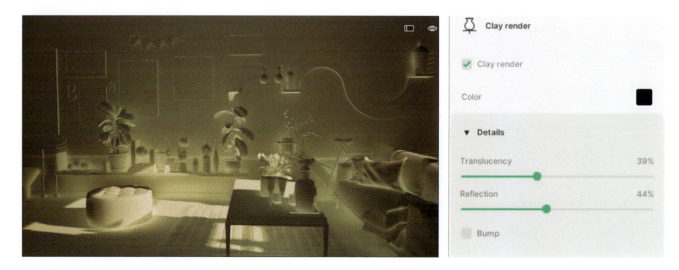

L'image rendue peut-être utilisée pour améliorer les performances du moteur Raster en termes d'occlusion ambiante et d'illumination globale.
Il suffit de créer deux rendus : un en Raster avec les paramètres appropriés (comme montré ci-dessus) et un rendu Clay monochromatique. Ensuite, ouvrez les deux images dans un logiciel graphique (j'utilise une version plus ancienne de Photoshop) et fusionnez-les ensemble en utilisant les fonctions d'opacité. 90-95% de la composition sera basée sur le rendu en couleurs, tandis que 5-10% proviendra du rendu Clay. Cette méthode apportera plus de profondeur aux ombres et créera un effet d'éclairage global amélioré.

Regardez par vous-même la qualité du résultat !
Le mur avec les peintures et le miroir, qui auparavant semblait si fade et sans profondeur, présente maintenant une bien plus grande profondeur dans les différents détails. Pour obtenir ce résultat dans Photoshop, j'ai utilisé deux calques et fusionné les deux images, en réglant le calque du rendu Clay à 83% en mode "Superposition" (Overlay).

Absence de réflexion dans les matériaux vitreux et réfléchissants

Les réflexions avec le moteur Raster peuvent causer de nombreux soucis, simplement parce que ce type de moteur n'est pas capable de "refléter" les objets dans la scène comme le font les moteurs basés sur le ray tracing.
Le moteur Raster, conçu principalement pour le rendu en temps réel, fait face à plusieurs défis lorsqu'il s'agit de représenter les réflexions avec précision.
Approximations vs précision : Le moteur Raster a tendance à privilégier la vitesse plutôt que la précision physique. Il utilise souvent des approximations et des raccourcis dans ses processus de rendu. Bien que cette approche soit avantageuse pour la vitesse de rendu, elle peut compromettre le détail et la précision des réflexions.
Cartes environnementales statiques : Pour gérer les réflexions, le moteur Raster utilise fréquemment des cartes environnementales pré-calculées. Ces cartes statiques fournissent une représentation instantanée de la scène depuis un point spécifique. Cependant, leur nature statique signifie qu'elles ne peuvent pas s'adapter aux changements en temps réel ou aux objets dynamiques dans une scène, ce qui peut entraîner des réflexions qui ne représentent pas l'état actuel de l'environnement.
Limitations des sondes de réflexion : Les sondes de réflexion, ou "sondes", servent d'outils localisés pour capter l'environnement et générer des données de réflexion pour le moteur Raster. Bien qu'elles améliorent la qualité des réflexions, elles présentent leurs propres défis. Leur position doit être stratégique et, malgré cela, elles pourraient ne pas saisir chaque nuance ou changement dynamique dans une scène.
Limitations intrinsèques dans la gestion des rayons : La méthodologie fondamentale du moteur Raster n'implique pas le suivi des rayons à travers la scène alors qu'ils rebondissent entre les surfaces. Sans cette capacité de traçage des rayons, obtenir des réflexions réalistes et détaillées devient intrinsèquement difficile. Des objets tels que les miroirs ou les surfaces hautement réfléchissantes peuvent mettre en évidence ces limitations, car le moteur Raster pourrait ne pas être capable de représenter leurs réflexions avec une précision fidèle à la réalité.
Tous ces éléments rendent difficile la gestion des réflexions avec le moteur Raster. Cependant, il existe un outil qui peut atténuer cette limitation et créer des approximations de réflexions (attention, la réflexion plane, comme celle d'un miroir, reste toujours problématique et nécessite souvent des compromis).
L'outil est la sonde (ou probe) de réflexion :

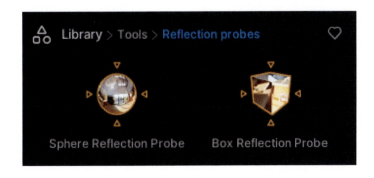

La Sonde de Réflexion Sphérique et la Sonde de Réflexion Cubique sont toutes deux des outils utilisés dans les moteurs de rendu pour aider à approximer les réflexions dans la graphique en temps réel. Elles capturent l'environnement environnant pour générer des cartes de réflexion, que les objets de la scène peuvent ensuite utiliser pour refléter cet environnement. Voici une explication des différences et quand vous pourriez choisir l'une par rapport à l'autre :

Sonde de Réflexion Sphérique:

Forme et Capture: Comme son nom l'indique, elle capture l'environnement de manière sphérique autour de son point central.
Cas d'Utilisation: Elle est adaptée pour les espaces ouverts ou les zones plus larges où les réflexions n'ont pas besoin d'adhérer strictement aux limites de la pièce, comme les environnements extérieurs ou les intérieurs arrondis.
Comportement de la Réflexion: Les objets reflètent l'environnement comme s'il était vu depuis le centre de la sphère. Cela signifie qu'il est essentiel de positionner le centre de la sonde à l'endroit où les réflexions apparaîtront le plus précisément.

Sonde de Réflexion Cubique:

Forme et Capture: Cette sonde capture les réflexions à l'intérieur d'un volume cubique défini. Elle respecte les limites du cube, ce qui signifie qu'elle peut mieux tenir compte de la forme et des limites d'une pièce ou d'un espace fermé.
Cas d'Utilisation: Elle est idéale pour les intérieurs ou les espaces avec des bords et des limites plus définis, comme des pièces avec des murs plats ou des couloirs. La forme cubique lui permet de fournir des réflexions plus précises dans ces environnements.
Comportement de la Réflexion: À l'intérieur du volume cubique défini, les réflexions sont plus localisées, garantissant que les murs et autres limites sont pris en compte, conduisant à des réflexions plus précises à l'intérieur de cet espace.

Quand utiliser chacune :

- Utilisez une Sonde de Réflexion Sphérique lorsque vous travaillez avec des espaces ouverts ou des intérieurs arrondis où la réflexion n'a pas besoin de coller étroitement aux limites précises.
- Optez pour une Sonde de Réflexion Cubique dans des espaces fermés avec des bords définis, comme les intérieurs de bâtiments ou les couloirs, où les réflexions devraient respecter les limites de la pièce.

Dans notre image, nous utiliserons une Sonde de Réflexion Cubique (en la glissant dans la scène, nous l'activerons).

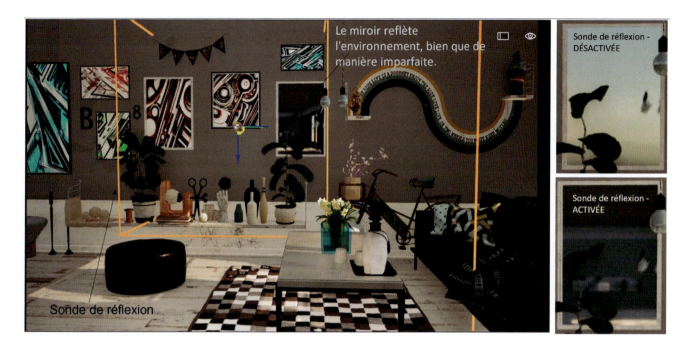

Une série de paramètres vous permettra de positionner et de dimensionner la Sonde de Réflexion Cubique de la manière la plus adaptée aux besoins de l'image. N'oubliez jamais que ce type de réflexion n'est qu'une approximation.

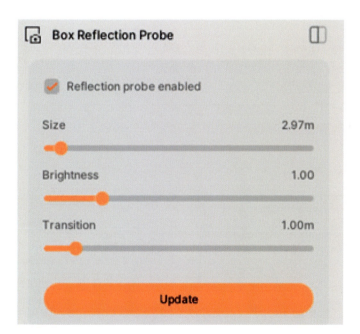

À ce stade, nous pouvons effectuer le rendu avec la réflexion correcte, répéter le Clay et régénérer la composition avec l'overlay réglé à 83%.

Absence d'ombres créées par la lumière indirecte

Les ombres créées par la lumière indirecte et divers phénomènes liés à l'éclairage global sont pratiquement "impossibles" à créer dans Twinmotion avec le moteur Raster. Heureusement, vous pouvez utiliser les décalcomanies (ou "decals") pour simuler des parties qui ont une ombre indirecte. Voyons dans notre image la différence substantielle entre avoir ce type d'ombre et ne pas l'avoir, comme c'est le cas avec le moteur Raster.

Raster engine

Images plates sans ombres indirectes

Path Tracer

ombres indirectes

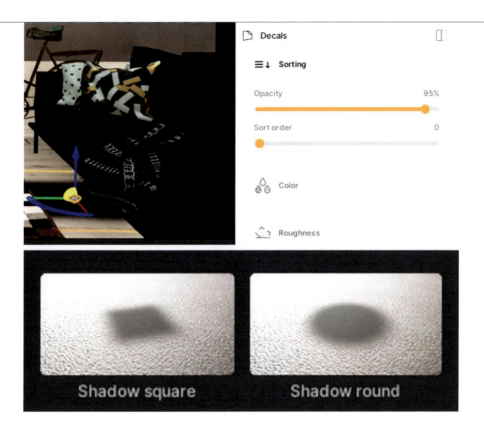

Utilisons un décal "Shadow Square" et glissons-le dans la scène, en le positionnant sous le canapé. Nous devrons le redimensionner de manière appropriée, réduire son opacité, jusqu'à obtenir une image montrant une ombre estompée sous le canapé, tout comme dans le rendu réalisé avec le Path Tracer.

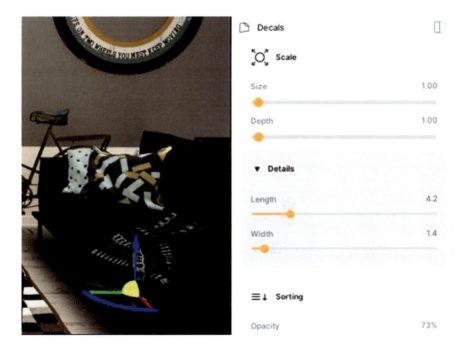

En ajustant l'opacité, il est possible d'obtenir un résultat convaincant.

Maintenant, répétons l'opération avec le rendu en clay et améliorons encore le rendu.

Absence d'ombres colorées causées par des matériaux translucides

C'est probablement le point le plus difficile à corriger ; même Lumen ne peut pas gérer les matériaux translucides et seul le moteur Path Tracer (qui, comme nous l'avons vu, a une nature complètement différente) peut créer des ombres colorées convaincantes.

La seule manière possible de simuler quelque chose de similaire est d'utiliser habilement certaines lumières supplémentaires. Naturellement, il faut être très prudent car une lumière n'est pas facilement gérable et peut causer des problèmes dans d'autres parties du rendu.

Des lumières colorées très faibles peuvent valoriser la scène rendue, mais souvenez-vous bien qu'il faut que cela en vaille la peine : demandez-vous si dans votre rendu il est essentiel d'avoir une ombre colorée ou non. Si ce n'est pas le cas, continuez sans.

Ci-dessous est montré comment le Path Tracer parvient à rendre l'ombre colorée du verre.

Créez deux lumières de la couleur du verre avec l'ombre désactivée et positionnez-les soigneusement dans la direction de la lumière solaire près de la base de l'objet en verre (dans notre cas, le vase de fleurs). Modifiez les paramètres pour rendre les lumières longues et étroites comme sur l'image ci-dessous :

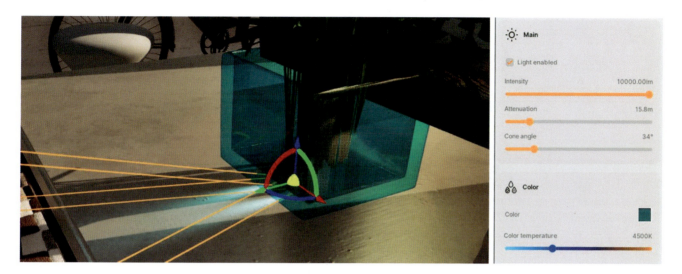

Le rendu créera une fausse ombre colorée en raison de la position des lumières.
Voici le résultat après l'avoir fusionné avec le rendu Clay:

Matériau vitreux fade sans reflets lumineux

Le dernier défi majeur concerne l'ajustement de l'apparence du verre. Ici, j'ai appris que la seule vraie option est d'utiliser un matériau vitreux qui a un indice de réfraction, car tous les autres apparaîtront indubitablement "incohérents", avec une transparence non naturelle et dépourvus de tout reflet.
Le matériau par excellence à utiliser est "item glass".

Ci-dessus sont présentés différents types de verre, le premier à gauche étant le "item glass". Dans le moteur Raster (à mon avis), c'est le matériau vitreux qui représente le mieux les caractéristiques de transparence, de réfraction et de réflexion du verre. Je recommande d'utiliser ce matériau dans la plupart des cas, surtout s'il s'agit de verres ou de bouteilles.

Après avoir également ajusté le verre, nous pouvons refaire le rendu et, avec la superposition du rendu Clay, nous obtenons l'image finale. Ci-dessous, vous pouvez remarquer la différence de photoréalisme entre la toute première version et la dernière après toutes les corrections appliquées.

La différence entre la version Raster "ajustée" et Lumen est également moindre, et la qualité du raster semble se rapprocher beaucoup de celle de Lumen. Bien sûr, le travail à accomplir n'est pas mince.

Avant de passer au deuxième exemple, prenez tout le temps nécessaire pour expérimenter avec Twinmotion en utilisant les techniques que je viens de décrire. Il ne sera pas toujours facile de transformer un rendu Raster "plat" sans photoréalisme en quelque chose de plus convaincant. Il faut de la pratique et des tests ; c'est le seul moyen de trouver le bon équilibre dans Twinmotion pour en tirer le meilleur parti.

Le deuxième exemple est nettement différent ; il s'agit d'une scène extérieure par un jour de pluie, avec une profondeur de champ (DOF) importante de la caméra qui floute les objets non pertinents pour la scène. L'utilisation judicieuse de la DOF peut produire des images extrêmement photoréalistes.

MOTEUR RASTER

1 - Absence marquée d'illumination globale et d'occlusion ambiante.

2 - Absence de reflets dans les matériaux vitreux et réfléchissants (comme les miroirs).

3 - Absence d'ombres créées par la lumière indirecte.

4 - Image plate sans profondeur.

5 - Matériau vitreux plat sans reflets lumineux.

Ce qui saute immédiatement aux yeux, comme dans l'exemple précédent, c'est comment le moteur Raster produit par défaut des images nettement "sans relief". Cela nous ramène à retracer les étapes de l'exemple précédent. Cependant, cette fois-ci, pour rendre le résultat plus immédiat et pour vous montrer comment procéder, j'utiliserai davantage d'images et moins de mots.

Commençons par corriger les points 1 et 3 en utilisant les décalcomanies comme dans l'exemple précédent et en plaçant un carré d'ombre sous la voiture blanche à l'avant, en ajustant les paramètres pour assurer que l'ombre soit convaincante.

Maintenant, vous pouvez aborder le point 2, qui fait toute la différence entre avoir une image photoréaliste et ne pas l'avoir. Puisqu'il s'agit de réflexion, nous savons qu'une sonde de réflexion est nécessaire.

Dans ce cas, la sonde de réflexion cubique est la plus appropriée car elle permet une réflexion approximative de l'environnement tout en tenant compte de la présence de la route et des bâtiments de chaque côté. Nous devrions donc nous attendre à voir la voiture reflétée, comme cela est clairement visible dans les rendus réalisés avec Path Tracer et Lumen.

Si vous glissez la sonde de réflexion en essayant d'obtenir une bonne réflexion à la fois pour le taxi et la voiture blanche devant, vous remarquerez que vous serez obligé d'agrandir considérablement la sonde de réflexion.

Cela causera une distorsion dans la réflexion, la rendant disproportionnée et peu réaliste. Enfin, pour aborder le point 4, il est essentiel de travailler sur le contraste, la saturation et l'exposition pour obtenir un éclairage plus convaincant, même dans les parties floues de l'image.

Et concernant le point 5 ? Eh bien, en réalité, compte tenu de la lumière et de l'angle de la caméra, il est logique qu'il n'y ait pas de réflexion même après avoir activé la sonde de réflexion. En fait, il suffit de changer l'angle pour voir la réflexion sur le verre.

Ainsi, dans ce contexte, ce n'est pas nécessairement une "erreur" du moteur Raster, mais plutôt une conséquence du choix de l'angle et de l'éclairage dans la scène. C'est une considération importante à garder à l'esprit lors de l'évaluation de la qualité du rendu.

À ce stade, pour un test final, nous pouvons effectuer un rendu en argile et utiliser l'option Superposition pour voir le résultat final et améliorer davantage le photoréalisme.

Concernant la lumière ambiante et la caméra, ces paramètres ont été utilisés :

N'oubliez jamais que Twinmotion dispose également de fonctionnalités de post-production avec la possibilité d'appliquer des filtres aux images. Certains d'entre eux permettent de définir des atmosphères particulières avec des résultats photoréalistes, similaires à la photographie analogique et numérique.

Et voici la différence entre le premier rendu brut réalisé avec le moteur raster et celui obtenu en appliquant mes directives.

Fotorealisme avec PATH TRACER

Vous découvrirez que travailler avec le Path Tracer est souvent assez simple. Une configuration de base avec un bon éclairage ambiant peut fournir des résultats fascinants simplement en activant le Path Tracer, sans avoir besoin de configurations complexes.

Le Path Tracer possède un ensemble de paramètres distincts par rapport au moteur Raster pour définir la qualité du rendu. Il est essentiel que vous compreniez ces paramètres pour obtenir des rendus de haute qualité. Contrairement aux moteurs en temps réel, le Path Tracer vous permet de configurer la qualité du rendu au détriment de temps de génération d'image plus longs. Gardez à l'esprit que le rendu d'une scène complexe à haute qualité pourrait prendre plusieurs minutes, contrairement aux quelques secondes nécessaires pour les moteurs Raster et Lumen.

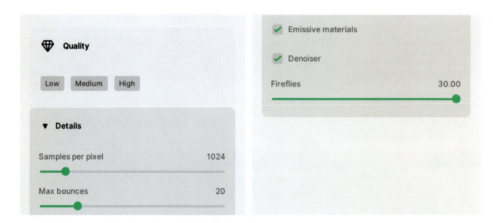

Paramètres du Path Tracer

Le Path Tracer propose trois réglages prédéfinis : Faible, Moyen et Élevé. Ces réglages sont pratiques pour des rendus rapides de test, afin d'évaluer rapidement le résultat attendu. Cependant, pour votre rendu final, vous devrez ajuster manuellement les paramètres, car même le réglage "Élevé" ne peut pas garantir une qualité irréprochable.

Samples per pixel : nombre d'échantillons par pixel à utiliser. Des valeurs plus élevées réduisent le bruit de l'image rendue, mais augmentent le temps de rendu. En général, une valeur de 1024 assure un rendu de haute qualité.

Max Bounces : nombre maximal de rebonds de lumière. Des valeurs plus élevées augmentent le temps de rendu. Selon la présence de transparences et de reflets (comme les miroirs et le verre), cette valeur peut être augmentée de 10 (pour des reflets simples) à 20 ou 30 (pour des reflets complexes entre plusieurs objets réfléchissants). Dans l'image suivante, vous verrez comment le reflet rebondissant entre deux miroirs devient plus précis à mesure que le nombre de rebonds augmente. Notez également que la couleur de la scène change de manière significative, car les rebonds affectent directement la lumière ambiante.

6 bounces

8 bounces

30 bounces

Emissive materials : Ils ajoutent un éclairage indirect aux matériaux émissifs. Ce paramètre permet des avantages d'éclat amélioré, en particulier lors de l'utilisation de matériaux émissifs.
Denoiser : Élimine le bruit de l'image après le rendu.
Fireflies : Contrôle la visibilité et l'exposition des artefacts appelés "fireflies" (lucioles).

Dans Twinmotion, le Path Tracer est unique pour sa capacité à gérer des matériaux translucides, comme la projection d'ombres colorées. Cependant, il présente des limitations qui affectent l'utilisation de certains matériaux natifs de Twinmotion. Par exemple, le matériau 'eau' ne montre ni transparence ni caustiques comme on pourrait s'y attendre. Cela complique la création de scènes avec de l'eau en utilisant le Path Tracer. Mais il y a des solutions alternatives, que je vais discuter dans ce chapitre.

Si vous vous souvenez, au début du livre, j'ai souligné que bien que le Path Tracer soit optimal pour les images statiques, ce n'est pas le meilleur choix pour les animations, surtout par rapport à Lumen. Voici les principales raisons pour lesquelles il pourrait ne pas être recommandé d'utiliser le Path Tracer pour créer des animations dans Twinmotion :

- Temps de rendu pour chaque image : Le Path Tracer n'est pas un moteur de rendu 3D en temps réel. Au contraire, c'est un moteur "hors-ligne" qui exploite la puissance du GPU pour un rendu de haute qualité. Cela signifie qu'une image, que le moteur raster ou Lumen pourrait produire en quelques secondes, pourrait prendre des minutes avec le Path Tracer. Par conséquent, une animation qui nécessite quelques minutes pour être rendue avec le moteur raster ou Lumen pourrait nécessiter des heures avec le Path Tracer.
- Artefacts et bruit de fond : Le Path Tracer introduit des artefacts et du bruit dans les animations. Ceci est dû à diverses raisons :
    o Indépendance des images : Dans la plupart des moteurs de rendu utilisant le path tracing, chaque image est calculée indépendamment des autres. Cela signifie que même si deux images représentent des moments très proches dans le temps au sein d'une séquence animée, le moteur ne tient pas compte des informations de l'image précédente lorsqu'il calcule la suivante.
    o Bruit stochastique : Le path tracing est une technique stochastique, ce qui signifie qu'elle repose sur des échantillonnages aléatoires pour simuler le comportement de la lumière. Dans chaque image, les rayons sont échantillonnés légèrement différemment. Cela peut entraîner des différences visibles (souvent manifestées comme du bruit) entre des images consécutives.
    o Scintillement : En raison de la nature stochastique du path tracing et de l'absence de cohérence temporelle, un phénomène connu sous le nom de "scintillement" peut se produire. Cela se manifeste comme des variations rapides dans l'intensité ou la couleur de la lumière d'une image à l'autre.

Créer des animations avec le Path Tracer non seulement nécessite beaucoup de temps (souvent compris entre plusieurs heures voire plusieurs jours), mais dans la plupart des cas, nécessite également l'utilisation d'algorithmes de "denoising" pour éliminer le scintillement. Bien que beaucoup de ces algorithmes soient disponibles dans des logiciels payants, Twinmotion offre sa propre solution de débruitage. Cependant, selon les avancées actuelles, elle n'est pas particulièrement efficace par rapport à l'état de l'art.

Le Path Tracer est le moteur qui nécessite le moins d'ajustements globaux. Pour améliorer le photoréalisme, votre attention principale sera principalement centrée sur les paramètres de lumière, à moins que vous n'utilisiez des matériaux ou des ressources connus pour avoir des limitations avec le Path Tracer.

Les principales limitations du Path Tracer de Twinmotion sont :

- Incapacité à gérer correctement le matériau "eau", résultant en un manque de transparence et de caustiques.
- Le ciel natif de Twinmotion n'est pas rendu avec le Path Tracer, donc vous ne pouvez pas avoir de nuages dans votre ciel si vous utilisez le Path Tracer.
- La végétation animée par le vent sera statique dans une animation réalisée avec le Path Tracer.
- Les particules de pluie et de neige ne sont pas rendues avec le Path Tracer.

Ce sont les principales limitations ; si vous avez besoin de ces fonctionnalités dans votre scène, vous devrez utiliser certaines approches et astuces que je révélerai plus tard.
Commençons par les exemples précédents utilisés pour le moteur Raster et vous verrez qu'il y a très peu de limitations du Path Tracer en termes de photoréalisme et de précision physique.

MOTEUR PATH TRACER

1 - Absence de caustiques ; la lumière passe à travers le verre coloré mais ne génère pas de caustiques réfléchissants.

Si vous regardez l'image ci-dessus, il est difficile de trouver des points faibles en termes de photoréalisme. L'occlusion ambiante et l'éclairage global fonctionnent parfaitement, les réflexions sont physiquement exactes et les matériaux translucides colorés transmettent la couleur (comme dans le cas du vase bleu). Des images comme celle-ci nécessitent généralement un ajustement minutieux de la lumière ambiante et de la caméra pour obtenir des résultats convaincants.
Quand on pense aux moteurs de rendu hors ligne classiques tels que Vray et Corona render, l'un des défis pour le Path Tracer pourrait être la gestion des matériaux "classiques" de type vitreux : réflexion, réfraction, transparence, etc. Ce sont des aspects qui peuvent représenter un défi pour le Path Tracer. En particulier, un phénomène physique comme les caustiques réfractives n'est pas géré par le Path Tracer. En effet, l'environnement d'Unreal Engine 5 permet le calcul des caustiques, mais cela nécessite une énorme puissance de calcul. Cette configuration spécifique, cependant, n'est pas disponible dans Twinmotion. Ci-dessous, il y a une image montrant la différence entre avoir des caustiques et ne pas en avoir (crédit : hoc3dmax.com).

Cet effet ne peut pas être produit de manière native par le Path Tracer de Twinmotion. Si vous avez besoin que votre scène affiche quelque chose de similaire, suivez mes directives.

Configurez une scène en important un modèle de verre. À l'intérieur de celui-ci, vous pouvez insérer un autre modèle qui simule de l'eau ou une autre boisson, et peut-être aussi quelques glaçons. Dans l'exemple que je vous montre, j'ai utilisé un verre téléchargé depuis la bibliothèque de Sketchfab. Rappelez-vous, toute la bibliothèque, qui compte des milliers de modèles, est connectée nativement à Twinmotion, vous permettant de rechercher et de télécharger des ressources en effectuant simplement une recherche.

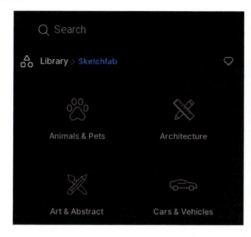 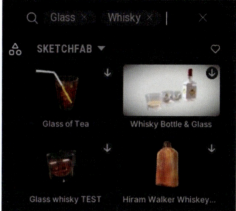

Les images que vous voyez ci-dessous ont été créées en téléchargeant un modèle de verre à whisky et en insérant un modèle qui utilise un matériau de verre coloré. En utilisant une teinte orange, j'ai créé la partie liquide de la scène. La scène n'utilise aucune lumière artificielle, seulement la lumière du soleil positionnée à 10h45.

En utilisant les paramètres indiqués ci-dessous, j'ai effectué le rendu du verre avec le Path Tracer activé.

Le résultat du rendu affiche une image de bonne qualité (rappelez-vous, le verre est le matériau le plus exigeant pour le rendu photoréaliste). L'ombre colorée du whisky, lorsqu'elle est frappée par la lumière, se projette sur la surface, mettant en évidence certains artefacts internes résultant de la carte des couleurs et de la forme du verre. Cela rend le résultat final assez précis.

Cependant, si vous regardez l'image précédente avec les deux verres – l'un avec les caustiques activées et l'autre non – vous remarquerez qu'il n'y a pas de distorsion lumineuse visible. Si nous considérons que cette distorsion lumineuse est essentielle pour notre scène, nous pouvons la créer artificiellement en utilisant les puissantes textures d'opacité de Twinmotion.

La première chose à faire est de trouver les textures appropriées. Vous pouvez en trouver de plusieurs types en ligne. Avec une recherche rapide, j'ai trouvé celles-ci, qui peuvent être utilisées efficacement.

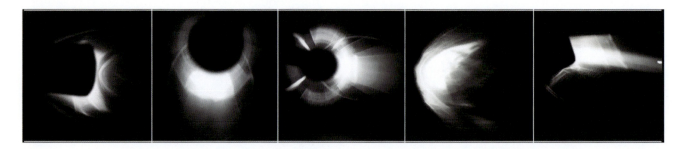

Une fois que vous avez trouvé une texture, tout ce que vous avez à faire est de l'attribuer à un plan 2D dans TM, d'ajuster les dimensions puis de travailler sur l'opacité et la luminosité. Ici, vous pouvez lire étape par étape comment procéder:

Importez un plan 2D dans la scène et assignez l'image des caustiques comme texture de couleur. Vous pourriez avoir besoin de redimensionner et de tourner la texture pour obtenir la meilleure représentation pour votre scène. Une fois cela fait, activez le shader "opacity".

Une fois la "texture d'opacité" activée, vous devrez ajouter un peu de luminosité en utilisant le shader "émissif". Cela donnera l'éclat caractéristique des caustiques générés par la lumière passant à travers le verre. Vous pouvez ensuite placer le plan 2D à proximité du verre, le tourner dans la direction de la lumière, et activer le Path Tracer pour voir le résultat.

Une fois que vous aurez obtenu le résultat du Path Tracer, il sera facile d'augmenter l'intensité lumineuse de la texture ou ses dimensions pour obtenir un rendu de qualité. Vous pouvez ajouter autant de textures que vous le souhaitez. Dans l'image ci-dessous, j'ai utilisé deux textures pour obtenir un meilleur résultat.

Paramètres de Lumière et d'Appareil Photo pour le Photorealisme avec le Path Tracer

Dans les pages suivantes, je vais vous montrer certains paramètres spécifiques qui peuvent vous aider à réaliser des rendus très convaincants en utilisant le Path Tracer. Vous découvrirez comment certains paramètres peuvent changer radicalement la qualité du photorealisme : angles d'éclairage spécifiques, présence de lumières artificielles, zones d'ombre dans la scène, contraste, exposition et saturation peuvent profondément altérer la qualité du rendu.

Voyons comment créer une scène qui représente de manière convaincante un coin de rue en photorealisme : tout d'abord, il est essentiel de comprendre ce qui contribue au photorealisme. Au-delà des paramètres de lumière et de l'appareil photo, les objets dans la scène font une grande différence. Utiliser des modèles détaillés de haute qualité avec des textures réalistes est la première chose à considérer. Si vous utilisez des modèles peu détaillés ou des textures peu convaincantes, obtenir un rendu de haute qualité devient presque impossible.

Dans cette scène, j'ai créé un coin de rue en utilisant une combinaison de modèles commerciaux et gratuits disponibles online: les bâtiments en arrière-plan sont des modèles disponibles sur le site Kitbash3D, tandis que la route et le trottoir sont des modèles disponibles dans Twinmotion via Quixel. Je les ai téléchargés et agencés pour former une sorte de courbe dans la route et sur le trottoir. Le petit restaurant à droite est un modèle gratuit de Sketchfab, également disponible dans Twinmotion.

Outre les modèles, vous avez besoin d'une idée claire de ce que vous voulez réaliser. Vous pouvez vous inspirer de références spécifiques (par exemple, j'utilise souvent Pinterest pour m'inspirer), ou vous pourriez déjà avoir une vision claire de ce que vous voulez produire. En général, avoir une idée précise de votre objectif final et trouver les modèles et matériaux nécessaires est la meilleure façon de mettre en place une scène.

Si vous examinez la scène, vous remarquerez la présence de nombreux objets supplémentaires, en particulier des autocollants (decals). Ceux-ci sont essentiels pour le réalisme car ils peuvent introduire les imperfections typiques du monde réel, telles que fissures, irrégularités, moisissures, boue, graffitis, etc.

Dans l'image ci-dessus, vous pouvez voir certains graffitis sur le lampadaire. Ce sont tous des autocollants (decals) disponibles depuis Quixel. L'ajout de tous ces autocollants rend l'image plus naturelle et, par conséquent, réaliste.

Les passages piétons ci-dessus sont également un autocollant (decal) placé sur la route, tout comme les fissures à gauche. Ci-dessous, le même objet (la route) sans autocollant : la différence est substantielle.

Les decals sont donc essentiels si l'on vise le réalisme et le photoréalisme.

Je réalise que de nombreux architectes utilisant Twinmotion de manière professionnelle pourraient être réticents à incorporer des imperfections dans leurs rendus. En effet, si un architecte a besoin de représenter un nouveau bâtiment (présumément pour le vendre à un client), il est naturel qu'il souhaite un rendu impeccable en termes de caméra et d'éclairage. Cependant, il pourrait vouloir éviter de montrer une fissure sur le mur du bâtiment. Ici, je ne peux que donner des indications sur comment atteindre le photoréalisme. Dans le monde réel, les bâtiments ne sont pas dépourvus de marques d'usure, de saleté ou d'imperfections. Si vous visez un effet photoréaliste, ce sont des considérations à garder à l'esprit, mais la décision finale vous appartient.

Identifions un point dans la scène et essayons de créer un rendu photoréaliste en utilisant le Path Tracer. Nous ajusterons le cadrage, la direction de la lumière, la lumière ambiante et les caractéristiques de la caméra comme le DOF (Profondeur de Champ) et le FOV (Champ de Vision).

Tout d'abord, exécutez le Path Tracer avec la scène "tel quelle" pour voir immédiatement le résultat que produit la configuration par défaut :

Même si l'image n'est pas complètement photoréaliste, elle montre déjà son potentiel. En effet, les nombreux modèles utilisés, les decal et tous les détails de la scène sont prometteurs pour un résultat positif.

La première chose à faire est de trouver un meilleur angle d'éclairage. N'oubliez pas que l'éclairage global dans les zones ombragées peut créer des effets profondément photoréalistes. Alors, faisons pivoter l'horizon, mettons une partie de la scène à l'ombre et ajustons l'exposition, les conditions météorologiques et l'éclairage global.

Vous découvrirez qu'often, lorsqu'il fait nuageux, certaines scènes en plein air deviennent particulièrement photoréalistes. Cela est dû au fait que la lumière solaire directe tend à créer un fort contraste, ce qui, dans de nombreux cas, produit de magnifiques rendus, mais pas parfaitement photoréalistes. Vous constaterez que l'une des tâches les plus difficiles est d'obtenir du photoréalisme dans des scènes en journée ensoleillée.

Vous pouvez renforcer la lumière ambiante en ajoutant un skydome directement depuis Twinmotion. Le skydome crée un ciel simulé, permettant à la scène d'hériter de la lumière de l'image HDRI qui définit le ciel.

Dans le rendu, ajoutons le skydome "Noon Overcast 007".

La prochaine étape que vous devrez entreprendre consiste à vous concentrer sur une zone spécifique. Imaginez être un photographe voulant capturer un détail, comme l'enseigne vue au centre de l'image ci-dessus. Avec Twinmotion, vous avez deux façons d'agrandir l'enseigne :

- Déplacez-vous dans la scène et rapprochez-vous (image ci-dessous à gauche).
- Effectuez un zoom optique en utilisant le FOV de votre appareil photo (image ci-dessous à droite).

Vous découvrirez que la seconde option offre une gamme beaucoup plus large de possibilités pour le photoréalisme. Notez la différence entre se rapprocher de l'enseigne et agrandir en utilisant le FOV.

Comme vous pouvez le voir, l'image en utilisant le FOV (avec une longueur focale réglée à 115mm) montre plus de détails et une perspective différente. Regardez le côté droit qui affiche une enseigne et une partie du poteau électrique. De plus, observez le bâtiment en arrière-plan : tout semble plus harmonieux et n'est pas déformé comme dans l'autre image.

Maintenant, en activant le DOF (en mettant au point sur les panneaux publicitaires) et en ajustant légèrement les valeurs de contraste et de saturation, nous pouvons obtenir ce rendu qui montre sa pleine qualité photoréaliste.

En général, le rendu photoréaliste est étroitement lié aux paramètres de l'appareil photo. L'utilisation du DOF (Profondeur de Champ) et du FOV (Champ de Vision) vous permettra de créer des cadrages très "naturels", augmentant ainsi la probabilité de produire des rendus convaincants qui ressemblent à de véritables photographies.

Voici les paramètres utilisés pour le rendu final :

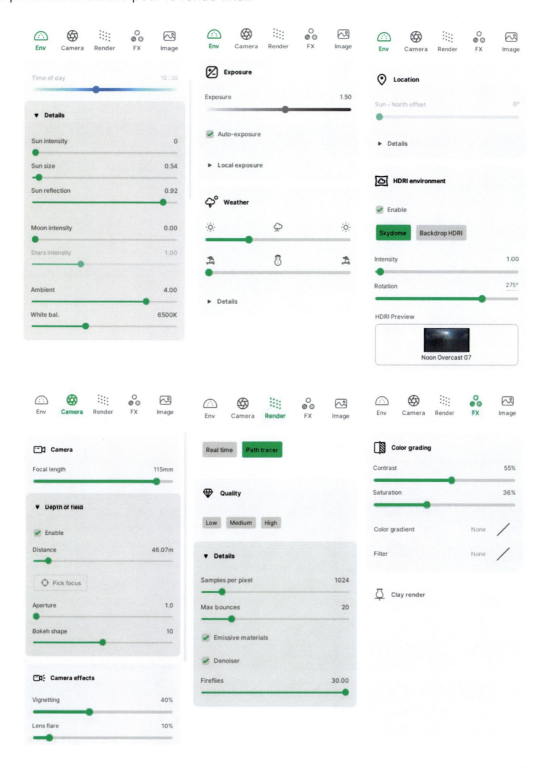

Dans la même scène, avec les mêmes paramètres, il devient facile de prendre d'autres photos de haute qualité comme celle-ci :

N'oubliez jamais que le réalisme est intrinsèquement lié à la qualité des modèles. Je sais que je l'ai déjà mentionné auparavant, mais il est bon de le réitérer.

Si vous examinez attentivement l'image, vous remarquerez de nombreux détails : l'intérieur du magasin avec des lumières méticuleusement placées pour émuler l'atmosphère d'une "vieille boutique", les flaques d'eau floues qui ajoutent une touche dramatique à l'image, et des murs ornés d'imperfections et de graffitis.

Tous ces éléments de la scène contribuent au rendu de haute qualité que vous cherchez à obtenir.

Terminons en montrant la prise de vue clé qui capture pleinement le détail de ce coin de ville.

Avant de passer à un autre test, je souhaite que vous vous concentriez sur le côté gauche de l'image ci-dessus. Vous remarquerez quelques sacs poubelles. J'ai recherché un effet hautement réaliste en créant un sac "jaune" contenant des déchets en papier et plastique et qui est partiellement transparent. Le matériau que j'ai utilisé est un verre coloré avec une rugosité réglée à 20%, une opacité à 0% et une metallicité à 0%.

Cette approche (utilisation du FOV et du DOF) est essentielle pour des prises de vue rapprochées photoréalistes ou lorsque vous souhaitez mettre en évidence des détails spécifiques. Même lorsque vous visez une ambiance cinématographique, cette méthode vous permettra d'obtenir des résultats exceptionnels.

Voici quelques-unes de mes réalisations créées en utilisant la technique décrite dans ce chapitre (assets de Sketchfab, Kitbash3D et Quixel) :

- Modèles de haute qualité avec des détails riches, utilisation de décalcomanies et matériaux PBR de haute qualité.
- Réglage de la lumière avec des zones ombragées et une lumière solaire diffusée pas trop intense.
- Utilisation du DOF et du FOV pour créer un effet de prise de vue cinématographique.

Luca Rodolfi – Photoréalisme avec Twinmotion – Raster – Path Tracer - Lumen

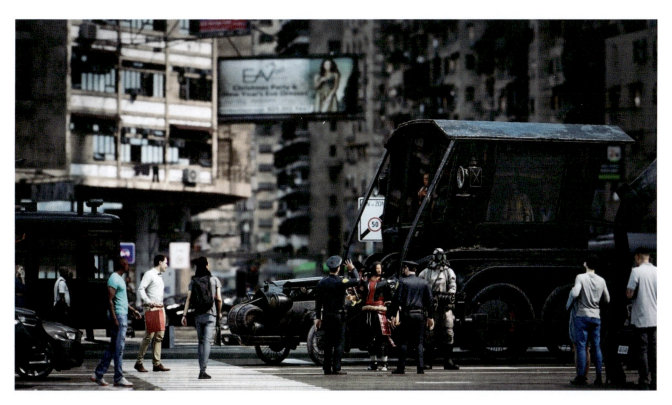

Dans la prochaine section, vous découvrirez comment obtenir des rendus photoréalistes avec le Path Tracer dans des environnements faiblement éclairés grâce à Twinmotion et comment optimiser les options d'éclairage artificiel du logiciel. Il est crucial de comprendre que le Path Tracer de Twinmotion est extrêmement sensible à la faible luminosité, produisant souvent des images presque 'noires'.
Cela diffère des moteurs raster et de Lumen, qui profitent davantage des sources de lumière ambiante, telles que la lumière lunaire disponible dans l'onglet "Env" du logiciel.
Ainsi, bien ajuster les lumières ambiantes et artificielles dans Twinmotion est essentiel pour obtenir des rendus photoréalistes. Commençons par examiner ce rendu que j'ai créé à un moment particulièrement sombre de la journée (tel qu'au petit matin).

Dans l'image ci-dessus, vous pouvez voir le résultat final d'une scène plutôt complexe. Il y a de nombreuses lumières artificielles, il y a le brouillard typique des matins avec des conditions météorologiques défavorables (il y a une légère pluie dans l'image) et il y a une teinte bleutée qui caractérise grandement ce rendu. Je souligne immédiatement que cette image convient très bien à différents types de prises de vue photoréalistes, il suffit d'imaginer la même version en noir et blanc avec un grain plus épais.

La configuration de la scène se concentre sur la disposition de divers modèles, y compris les rails, les trains, les personnes et la gare.
Des décalcomanies sont ajoutées pour introduire plus de détails, complétées par des bâtiments qui fournissent un arrière-plan à la scène.

Les modèles de train, de gare et de rails proviennent d'Evermotion, tandis que les décalcomanies et certains matériaux sont de Quixel. Certains assets supplémentaires viennent de Sketchfab et certaines des figures humaines sont issues de la bibliothèque 3Dpeople.

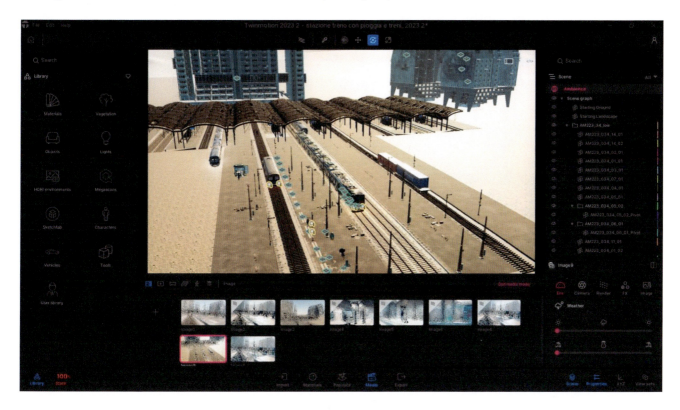

L'une des caractéristiques distinctives de cette scène est son ampleur : elle comprend une multitude de modèles pour un total de près de 40 millions de polygones. Sur mon ordinateur, cela entraîne un ralentissement significatif, rendant difficile le travail à un FPS (Images Par Seconde) satisfaisant. Lorsque Twinmotion commence à faiblir en raison d'une utilisation excessive des ressources, il faut procéder avec prudence. Le GPU de votre carte graphique pourrait se bloquer de manière inattendue, provoquant une fermeture soudaine de Twinmotion.

Dans la plupart des cas, les plantages de Twinmotion sont dus à l'épuisement des ressources de la carte graphique. Dans ces circonstances, il est essentiel d'optimiser méticuleusement les ressources de la scène pour éviter qu'elle ne devienne trop étendue. Lorsque je construis une scène, j'adopte généralement les deux stratégies suivantes :

1. Lorsque j'ai besoin d'intégrer de nombreux modèles, j'essaie de décimer les polygones des modèles situés dans les parties les plus éloignées de la scène (en utilisant des outils tels que Blender ou 3D Studio Max). Si ces modèles sont placés au loin, ils ne nécessitent pas un détail extrême, permettant une réduction du nombre de polygones.
2. Tout comme dans le point précédent, le même principe s'applique aux textures des matériaux. Si j'ai des matériaux avec des textures 4K ou 8K mais que les modèles utilisant ces matériaux ne sont pas au premier plan, il est plus efficace de redimensionner la résolution à 1024x1024.

Dans cette scène, j'utilise 26 lumières artificielles de deux types différents : lumière omnidirectionnelle et lumière néon. Je préfère généralement utiliser des lumières omnidirectionnelles pour avoir un contrôle plus poussé sur la distribution de la lumière. Cependant, dans ce cas, les lumières néon étaient particulièrement utiles. Les lumières à l'intérieur des wagons du train sont générées par de longues lumières néon, me permettant d'éclairer les intérieurs avec moins de lumières de dimensions appropriées.

Dans l'exemple ci-dessus, j'ai utilisé une seule lumière néon répétée dans chaque wagon pour générer l'éclairage intérieur. Cette méthode a réduit le nombre de lumières nécessaires et a assuré un éclairage uniforme, contrairement à l'utilisation de multiples lumières omnidirectionnelles dans chaque wagon.

Ci-dessus, un détail du rendu est montré avec les lumières éteintes. Comme vous pouvez le voir, même sans lumières, l'image conserve un niveau de photoréalisme convaincant. Ceci est en grande partie dû au skydome que j'ai utilisé, qui génère une lumière ambiante suggestive typique d'une journée pluvieuse. De plus, les paramètres du Champ de Vision (FOV) et de la Profondeur de Champ (DOF) de la caméra contribuent également au réalisme.

Je tiens à souligner la qualité du matériau du parapluie, qui contribue grandement au photoréalisme. La partie supérieure du parapluie est mouillée par la pluie, cependant, comme la plupart des parapluies en toile, sa surface est mate, résultant en une réflexion de lumière uniforme et satinée.

Ci-dessous les paramètres utilisés pour le rendu :

Luca Rodolfi – Photoréalisme avec Twinmotion – Raster – Path Tracer - Lumen

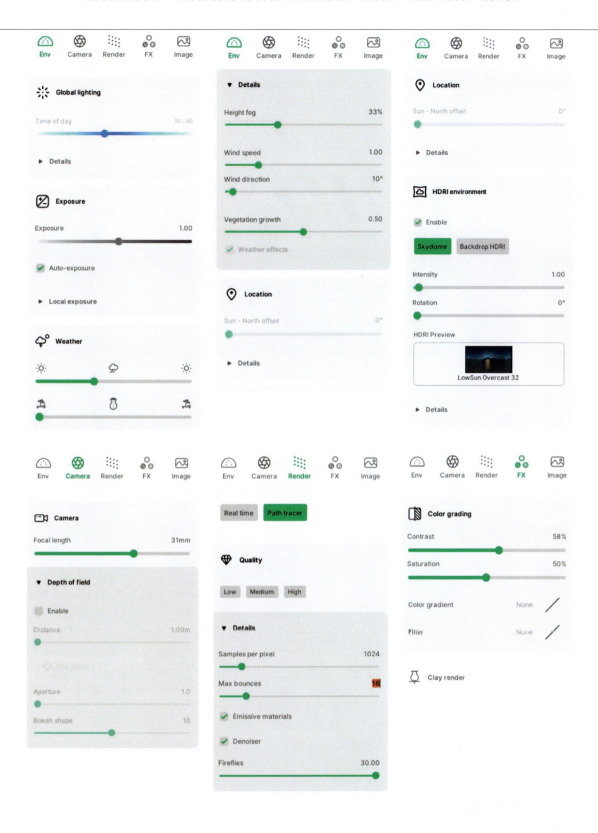

Créer de l'"Eau" avec le Path Tracer

Comme souligné précédemment, le Path Tracer ne prend pas en charge le matériau "eau" natif de Twinmotion. Selon la feuille de route actuelle de Twinmotion, des améliorations sont en cours pour ce matériau. Si vous essayez de rendre une scène avec de "l'eau" en utilisant le Path Tracer, vous obtiendrez des résultats inattendus.

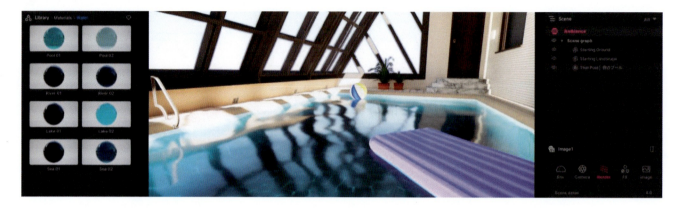

Le matériau de l'eau appliqué à une surface plane et rendu avec Lumen.

Le matériau de l'eau appliqué à une surface plane et rendu avec le Path Tracer.

Si la réflexion sur la surface semble fonctionner (jusqu'à un certain point), la transparence est complètement absente. Imaginez que vous deviez rendre une piscine où vous voulez de l'eau claire et transparente; ce type d'eau est inutilisable avec le Path Tracer.

La meilleure solution est d'utiliser un type de matériau différent : le verre coloré. Cela fonctionne particulièrement bien pour les images fixes, offrant presque toutes les caractéristiques physiques nécessaires pour simuler l'eau de manière convaincante. Cependant, si vous avez besoin de fonctionnalités supplémentaires comme les caustiques, vous devrez utiliser la technique que je vous ai enseignée dans les pages précédentes lorsque nous avons analysé la scène du verre de whisky.
Pour les vidéos, les choses peuvent devenir plus complexes. L'animation des cartes de texture dans le matériau est possible uniquement dans les directions X et Y. Cela limite le type d'animation, le rendant moins adapté pour simuler des turbulences d'eau plus complexes.

En appliquant le verre coloré (j'ai utilisé du verre teinté turquoise, en modifiant légèrement la couleur pour la rendre moins turquoise), les résultats sont immédiatement visibles.

Si vous revenez à la section sur la création des caustiques pour le verre de whisky, vous trouverez une référence sur comment obtenir le même effet pour les caustiques dans cette scène. La différence clé est que dans le cas du verre de whisky, nous avons utilisé un plan 2D, tandis qu'ici nous modifierons un décalage de Twinmotion en utilisant une carte d'opacité (comme celle montrée ci-dessous) dans les canaux de couleur, de masque et d'émissif.

Ci-dessus est montré le rendu réalisé avec le Path Tracer, en utilisant le matériau de verre pour l'eau et les décalcomanies pour les caustiques.

Dans le cas du verre de whisky, nous aurions également pu utiliser un décalcomanie au lieu d'un plan 2D. Il n'y a pas de raison spécifique de préférer l'un à l'autre; cela dépend des besoins spécifiques de votre scène.

L'image ci-dessus montre un exemple de rendu photoréaliste avec le Path Tracer pour l'eau, en utilisant la technique que j'ai décrite précédemment. Le verre coloré vous permet d'utiliser des images dans le shader "couleur" qui peuvent se référer directement aux surfaces de l'eau. Dans ce cas, j'ai défini une eau cristalline en utilisant une carte de référence trouvée sur le web. Les vagues sont créées à l'aide d'une carte normale, également trouvée sur le web.

Ci-dessus, vous pouvez voir la même scène, mais ici j'ai utilisé une texture de la carte "couleur" qui présente de la mousse et moins de clarté par rapport à la précédente. En ajustant l'opacité du matériau, vous pouvez rendre l'eau plus trouble. Sur la gauche, vous pouvez voir les deux cartes utilisées : celle du haut pour la couleur (au format PNG avec 10% de transparence) et celle du bas utilisée pour les vagues dans la carte "normale".

Comment Créer des Nuages avec le Path Tracer

Twinmotion dispose d'un Système de Contrôle du Temps qui vous permet de définir les conditions dans une scène. Vous pouvez choisir l'heure de la journée pour créer un environnement lumineux typique de midi, ou opter pour un coucher ou un lever de soleil.

À côté de ces réglages, vous pouvez également décider de créer une scène avec un temps nuageux, de la pluie, de la neige ou un soleil éclatant : le choix vous appartient.
Cependant, vous aurez un contrôle limité sur l'apparence du ciel et des nuages, en particulier lorsque vous utilisez le Path Tracer, qui ne peut pas rendre les nuages natifs de Twinmotion.

Ne confondez pas le ciel et les conditions météorologiques natifs de Twinmotion avec les environnements HDRI, qui offrent une gamme d'images de ciel haute définition dans différentes conditions. Ces derniers sont toujours correctement rendus par le Path Tracer et sont souvent l'option préférée lors de la configuration d'une scène.

Cependant, il y a des situations où vous pourriez avoir besoin d'utiliser le ciel natif de Twinmotion : pensez aux cas où vous devez montrer des rendus à différents moments de la journée ou dans des conditions météorologiques changeantes.

Dans ces cas, si vous avez besoin de rendre les nuages, il faudra utiliser des modèles personnalisés. Si vous ne voulez pas vous donner la peine de trouver des échantillons de nuages et de créer des modèles pour Twinmotion, ne vous inquiétez pas : je l'ai déjà fait pour vous. Vous pouvez télécharger le fichier ZIP à partir de ce lien :

https://drive.google.com/file/d/154nrwDb_9q5D8fLM4DcfMzH70aS5qs0r

Pour rendre le pack "Nuages" disponible pour vos projets, vous devrez placer le contenu téléchargé dans le chemin désigné pour votre bibliothèque personnalisée. Cela garantira que les modèles de nuages soient facilement accessibles depuis votre bibliothèque Twinmotion.

Avec ce pack, vous pouvez passer d'un ciel natif Twinmotion sans nuages à un ciel où vous avez le contrôle total sur la position des nuages.

Photoréalisme avec LUMEN

Note : Tout ce que j'écris concernant Lumen dans Twinmotion provient de l'accès anticipé que j'ai eu grâce à mon rôle de bêta-testeur. Il est possible que certains détails puissent changer dans les versions finales. Référez-vous toujours à la documentation officielle que l'équipe de Twinmotion fournira sur le site officiel.

Lumen est la caractéristique distinctive de cette version de Twinmotion, très attendue par tous les utilisateurs de Twinmotion depuis son intégration dans Unreal Engine 5. Fondamentalement, c'est un moteur raster avec des systèmes d'éclairage global et de réflexion de haute qualité, offrant un niveau de photoréalisme qui se rapproche de celui d'un Path Tracer, bien qu'avec certaines limitations.

Comme je l'ai déjà mentionné, il est parfait pour le rendu d'animations grâce à sa vitesse de rendu incroyable.
Ci-dessous, vous trouverez une image d'une animation de 21 secondes, rendue à la fois avec Path Tracer et Lumen sur la même station de travail :

Comme vous pouvez le voir, le rendu avec le Path Tracer a pris 3 heures et 30 minutes, tandis que Lumen a accompli la tâche en 14 minutes. Cela signifie que Lumen est (pour cette scène spécifique) environ 15 fois plus rapide que le Path Tracer. Gardez à l'esprit que "15 fois" n'est pas un multiplicateur universel ; certaines scènes pourraient être rendues plus rapidement ou plus lentement dans les deux moteurs. Cependant, la différence de vitesse entre Lumen et le Path Tracer est significative.

Si Lumen est une révolution pour les animations, il se défend également très bien pour les images fixes, offrant une qualité très proche du Path Tracer. Cela dit, je recommanderais toujours d'utiliser le Path Tracer pour les images fixes.
Il est important de noter que les tests que j'ai effectués sont basés sur Twinmotion 2023.2 bêta 4. La version finale destinée au public ne devrait pas différer de manière significative. Si d'éventuels désaccords désagréables survenaient, je publierai une correction sur mon site web www.rodluc.com.
Lumen n'offre pas de nombreux paramètres de configuration. Ceux qui sont disponibles se concentrent principalement sur la qualité du rendu et les modes de réflexion en temps réel.
Veuillez noter que la version actuelle que j'utilise (bêta 4) ne donne pas toujours une estimation précise des temps de rendu avec Lumen. Parfois, elle indique un temps exceptionnellement long, pour finalement terminer le rendu en beaucoup moins de temps. Je suppose que la version finale corrigera cette anomalie.

L'image ci-dessous illustre les paramètres disponibles.

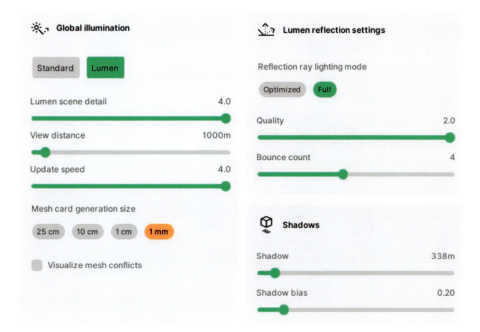

Scene Detail: détermine la taille au-delà de laquelle les objets sont exclus de Lumen ; des valeurs plus élevées incluent plus d'objets mais augmentent l'utilisation de la VRAM.

View Distance: détermine la distance visible depuis la caméra où Lumen a un effet.

Update Speed: la vitesse à laquelle Lumen met à jour l'illumination globale en temps réel.

Mesh card generation size: La taille minimale pour la génération de cartes maillées. Note : Cette option pourrait ne pas être disponible dans la version finale. Des tests préliminaires de la bêta 4 indiquent que l'utilisation de cartes plus grandes n'apporte pas d'avantages en termes de FPS. Par conséquent, cette fonctionnalité pourrait être supprimée, et la taille optimale de la carte sera utilisée par défaut.

Visualize mesh conflicts: montre les surfaces exclues de Lumen, les zones magenta sont trop complexes, les zones jaunes sont trop petites, grandes ou éloignées.

Reflection Optimized – Full: "Optimized" utilise des données mises en cache pour calculer les reflets, "Full" utilise des données en temps réel pour calculer les reflets.

Quality (reflection): définit la qualité des reflets, des valeurs plus élevées offrent des résultats plus nets.

Bounce Count: le nombre de rebonds de lumière entre les surfaces réfléchissantes.

Shadow: Définit la distance depuis la caméra jusqu'à laquelle les ombres sur les objets sont projetées ; par exemple, si la valeur est réglée sur 500 mètres, les ombres sur les objets sont projetées seulement jusqu'à 500 mètres depuis la caméra ; des valeurs plus faibles fournissent une portée plus courte pour les ombres projetées mais produisent des ombres plus détaillées (haute résolution). Inversement, des valeurs plus élevées offrent une portée plus longue mais aboutissent à des ombres moins détaillées.

Shadow bias: augmenter cette valeur réduit les artefacts d'auto-ombrage sur l'objet, mais peut également réduire la qualité de l'ombre.

La première chose que vous devez comprendre si vous souhaitez utiliser Lumen comme moteur de rendu est comment importer des modèles. Certains types d'importations, comme l'importation de modèles "groupés par matériau", ne sont pas compatibles avec un rendu précis dans Lumen. Il devient essentiel de suivre les directives spécifiques pour éviter d'avoir trop de zones magenta et jaunes lorsque vous cliquez sur "Visualiser les Conflits de Maillage".

- La présence de zones jaunes suggère que certaines parties du maillage peuvent être trop petites, trop grandes ou trop éloignées du point de vue central. Cependant, ne vous laissez pas tromper en pensant que ces zones sont automatiquement incompatibles avec Lumen. Leur influence et leur apparence peuvent être efficacement gérées en utilisant les paramètres Scene detail et View distance. Pour une compréhension complète de la manière d'ajuster ces paramètres, je vous recommande de consulter la section Paramètres de Rendu.
- L'autre couleur indiquant un éventuel problème est le magenta, qui signale des zones avec un niveau de complexité élevé. Ces zones mettent les capacités des mesh cards à l'épreuve, les rendant incapables de couvrir entièrement la région mise en évidence. Le résultat ? Ces zones marquées en magenta ne contribueront pas aux rebonds de lumière et, en ce qui concerne les reflets, elles seront rendues comme des taches sombres ou noires.

L'un des termes clés que vous rencontrerez fréquemment lorsque vous travaillez avec Lumen d'Unreal Engine dans Twinmotion est "card mesh". Une card mesh est essentiellement un polygone simple et plat, souvent un carré, qui sert de substitut ou de représentation simplifiée pour une géométrie ou des effets plus complexes, tels que la végétation, les textiles ou des détails complexes.
La card mesh devient particulièrement essentielle dans le contexte des calculs d'éclairage global et de réflexion en temps réel de Lumen. Comme Lumen vise à obtenir des vitesses de rendu rapides sans trop compromettre la qualité, la simplification des scènes complexes en utilisant des card meshes peut considérablement optimiser le processus de rendu. Ceci est particulièrement avantageux dans des environnements où les ressources sont limitées ou où le rendu en temps réel est essentiel.
L'utilisation des card meshes vous permet de créer des environnements visuellement impressionnants sans surcharger le moteur. Par exemple, dans le cas d'une végétation dense dans une scène naturelle (je parle de modèles de végétation, et non de la végétation native de Twinmotion), plutôt que de rendre chaque feuille ou plante individuellement, vous pouvez utiliser une card mesh avec une texture appliquée. Cela maintient l'illusion de complexité tout en permettant à Lumen de calculer l'éclairage global plus efficacement.
Comprendre la taille et la mise en œuvre optimales des card meshes dans vos scènes 3D peut faire une différence significative tant dans la qualité que dans l'efficacité de vos rendus avec Lumen.

Twinmotion (dans la beta4) vous permet de spécifier les dimensions de la card mesh afin qu'elles puissent être adaptées à la taille de votre scène et aux modèles que vous utilisez.

Revenons à notre exemple initial et voyons quels conseils je peux offrir concernant Lumen.

MOTEUR LUMEN

1 - Absence d'ombres colorées ; les matériaux translucides tels que le verre coloré ne sont pas rendus de manière physiquement précise.

2 - La qualité de la réflexion est supérieure à celle du Raster, mais révèle quelques artefacts.

Si vous considérez que cette image a été générée en quelques secondes et peut être naviguée en temps réel dans le viewport, vous conviendrez probablement que la qualité est stupéfiante. Cependant, il y a quelques points qui méritent une analyse plus poussée:

1. Absence d'ombres colorées: Comme le moteur raster, Lumen ne gère pas les matériaux translucides; donc, il est impossible d'obtenir des effets tels que des ombres colorées. Si ces ombres sont essentielles à votre scène, vous devrez suivre les directives que j'ai fournies dans le chapitre sur le moteur raster.
2. Qualité et Limitations des Réflexions: Bien que Lumen offre des réflexions de haute qualité pour le verre et les miroirs, surtout en mode 'Full' et qualité maximale, il présente certaines limitations par rapport au Path Tracer. Ces limitations seront détaillées dans les pages suivantes. Pour la production vidéo, Lumen est souvent le choix privilégié grâce à sa rapidité. Cependant, pour les images statiques, le Path Tracer reste l'option supérieure pour obtenir les réflexions les plus réalistes. Il est crucial d'être conscient de ces nuances lors du choix de votre moteur de rendu.

Dans la prochaine section, je détaillerai comment fonctionnent les réflexions sous Lumen. Cela devrait vous aider à comprendre comment structurer au mieux vos scènes pour éviter tout artefact ou distorsion dans les réflexions.

Comme vous pouvez le voir sur l'image ci-dessous, le système de réflexion de Lumen a du mal à refléter précisément les éléments transparents et translucides. De plus, certaines meshes apparaissent complètement noires selon l'angle de vue.

Avant de penser que ce comportement est un bug ou une limitation de l'implémentation de Lumen, il faut considérer l'origine des meshes dans la scène. En effet, la version actuelle de Twinmotion qui supporte Lumen pourrait avoir des problèmes avec des scènes créées dans une version antérieure de Twinmotion:

- Comme mentionné précédemment, il y a une méthode spécifique à suivre lors de l'importation de modèles. Ces modèles ne devraient pas être "fusionnés" en une seule mesh ou avoir des structures 3D "collées" ensemble. Par exemple, si vous avez deux murs à un angle de 90 degrés, ils devraient être deux meshes séparées, pas une seule mesh. Cela permet à Lumen de calculer avec précision l'éclairage global.
- Ouvrir une scène créée dans une ancienne version pourrait causer des problèmes de performance. C'est quelque chose que j'ai personnellement remarqué: la différence entre ouvrir une ancienne scène remplie de modèles et importer les mêmes modèles dans une nouvelle scène vide peut être significative. C'est une limitation ennuyeuse, mais il est essentiel de la garder à l'esprit.
- En ouvrant une version plus ancienne, vous pourriez trouver des "défauts" dans certains modèles. Par exemple, Lumen pourrait ne pas les rendre correctement, comme on peut le voir dans l'exemple ci-dessous où la réflexion ne fonctionne pas correctement et certaines parties des meshes semblent dépourvues d'éclairage indirect, apparaissant presque noires.

Dans de tels cas, il est possible de faire des modifications spécifiques, peut-être en supprimant les modèles "défectueux" et en les remplaçant ou en les réimportants sous forme de fichiers FBX ou Datasmith.

Même s'il est possible que la version finale de Twinmotion puisse améliorer ces problèmes, ils sont clairement présents dans la version bêta 4.

Ainsi, gardez à l'esprit que pour les images fixes, vous pouvez contourner cette limitation en utilisant le Path Tracer. Cependant, pour les animations, vous devez être très prudent dans la configuration de votre scène pour vous assurer que les surfaces plates très réfléchissantes (comme les miroirs, par exemple) n'occupent pas une place centrale dans la scène et ne sont pas le centre d'attention des gros plans ou des plans principaux.

Il est essentiel de comprendre les limites existantes dans la technologie de réflexion de Lumen, en particulier si vous visez des résultats photoréalistes. Bien que Lumen fasse un travail admirable en générant des réflexions dans l'espace écran - c'est-à-dire les réflexions des pixels visibles à la caméra - il y a des défis lorsque ces pixels ne sont pas dans l'espace écran. Dans de tels cas, Lumen utilise par défaut la Surface Cache pour les réflexions. L'inconvénient ? Si votre Surface Cache est sombre ou noire, n'importe quelle partie de votre modèle non visible à la caméra sera reflétée comme noire dans les miroirs.

De plus, la partie non directement visible dans la scène apparaîtra également noire dans les réflexions du miroir, ajoutant un autre niveau de complexité pour obtenir des résultats réalistes. L'équipe d'Unreal Engine travaille activement sur les capacités de Lumen, y compris l'ajout de multiples rebonds de réflexion, et on s'attend à ce que les versions futures offrent des réflexions plus précises.

Si vous devez utiliser Lumen, par exemple parce que vous travaillez sur une vidéo, et que vous voulez vous assurer que le modèle est compatible avec le moteur, votre seule option est d'identifier les modèles qui ne fonctionnent pas. Essayez de les réimporter, en veillant à ce que le modèle ne soit pas regroupé en une seule mesh, et expérimentez avec des mesh cards de différentes tailles. Par exemple, voyons à quoi ressemble la plante de l'image ci-dessus dans un logiciel de modélisation 3D comme 3D Studio Max:

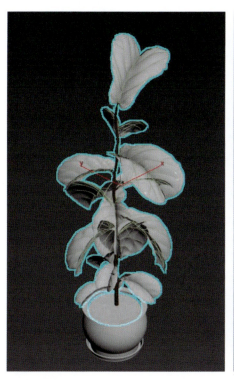

L'image à gauche montre le maillage avec les feuilles sélectionnées. Comme vous pouvez le voir, toutes les feuilles forment un seul maillage, ce qui peut poser des problèmes pour Lumen lors du rendu.

Vous pouvez optimiser le modèle en séparant chaque feuille dans son propre maillage distinct. Cela peut améliorer la capacité de Lumen à calculer avec précision l'éclairage global.
Gardez à l'esprit que ce type d'opération peut être assez intense en termes d'optimisation du modèle et ne garantit pas une solution parfaite.

Cependant, les directives pour une représentation précise du modèle dans les scènes rendues avec Lumen devraient certainement prendre en compte ce type de structure du modèle.

Maintenant, vous avez découvert l'un des points critiques de l'utilisation de Lumen dans Twinmotion, ainsi que les outils pour le gérer efficacement.

Best Practices pour Utiliser Lumen dans Twinmotion

En puisant dans la documentation publiée avec la Beta 4 de Twinmotion 2023.2, je souligne quelques best practices qui peuvent vous permettre de configurer une scène avec toutes les caractéristiques idéales pour garantir son bon fonctionnement avec le moteur Lumen.

Structure des Mesh et Compatibilité avec Lumen dans Twinmotion

Lorsque vous importez un modèle 3D dans Twinmotion, comme une pièce entière dotée d'un sol et de plusieurs murs, il est important de noter que Lumen pourrait avoir des difficultés avec un seul mesh contigu. Il est conseillé de séparer la géométrie en différents mesh au sein de votre logiciel de conception avant de l'importer dans Twinmotion.

Pour illustrer ce point, considérez comment Lumen interagit avec l'éclairage global sur une structure composée d'un seul mesh ou de plusieurs. Par exemple, lorsque le sol et les murs d'une pièce sont combinés en un seul mesh, les capacités de Global Illumination de Lumen sont compromises. En revanche, lorsque le sol et les murs sont séparés en différents mesh, Lumen peut calculer avec plus de précision le Global Illumination sur toutes les surfaces.

Dans certains cas, en travaillant avec une structure à mesh unique, vous constaterez que Lumen néglige certaines surfaces, apparaissant comme des zones colorées en magenta. Au contraire, ce problème n'existe pas lorsque vous travaillez avec une structure composée de plusieurs mesh. Vous pouvez vérifier cela dans Twinmotion en naviguant dans Ambience > Render > Global Illumination > Lumen et en sélectionnant l'option "Visualize mesh conflicts".

Lorsque Lumen est activé, le Global Illumination sur la structure construite à partir de plusieurs mesh est plus précis et plus détaillé que sur une structure à mesh unique. Par conséquent, optimiser vos modèles 3D en les séparant en plusieurs mesh peut faire une différence significative dans l'obtention d'un Global Illumination réaliste avec Lumen.

Dimensions et Propriétés Émissives dans les Scènes avec Lumen

Avec Lumen activé dans Twinmotion, les matériaux émissifs acquièrent la capacité d'influencer l'éclairage indirect, en plus de générer des réflexions spéculaires et diffuses. Cela vous offre la flexibilité d'appliquer un matériau émissif à des objets, tels que des cubes par exemple, et de les utiliser comme sources de lumière pour éclairer vos scènes.

Cependant, il est essentiel de noter que cette approche a ses limites. Lorsqu'un objet a une surface trop lumineuse par rapport à sa taille—pensez à des enseignes au néon extrêmement lumineuses ou à des ampoules—les surfaces émissives résultantes peuvent produire des artefacts de bruit dans la scène. Ceci peut compromettre la fidélité visuelle de votre rendu.

Pour atténuer ces problèmes, il est recommandé d'utiliser les lumières prédéfinies disponibles dans la Librairie Twinmotion comme principales sources d'éclairage. Vous pouvez les trouver sous Library > Lights.

Par exemple, considérez une scène où un petit objet avec un matériau émissif a été inclus. Ce scénario n'est généralement pas recommandé, car il peut introduire des artefacts de bruit qui ôtent de la qualité globale de la scène. Lorsque la même scène est rendue sans le petit objet émissif excessivement lumineux, le Global Illumination est calculé correctement, aboutissant à un résultat visuel plus agréable.

En comprenant ces nuances, vous pouvez prendre des décisions plus éclairées sur l'utilisation de matériaux émissifs et d'éclairage dans vos projets Twinmotion activés par Lumen.

L'Importance de la Texture de Rugosité dans Lumen

Dans les scènes où Lumen est activé, la valeur de "roughness" (qui représente la rugosité des matériaux) a un impact significatif tant en termes de performances que de précision visuelle. Lumen fonctionne de manière optimale lorsque la valeur de rugosité des matériaux est réglée à 40% ou plus. Les matériaux avec des valeurs de rugosité plus basses nécessitent plus de ressources computationnelles car il faut tracer des rayons supplémentaires pour générer des réflexions précises.

Par exemple, considérons une scène avec un sol excessivement brillant. Dans une telle situation, il est probable que divers artefacts de réflexion se produisent, compromettant l'intégrité visuelle du rendu. Ces artefacts peuvent se manifester comme des aberrations ou des incohérences dans les réflexions sur le sol.

Cependant, lorsque la rugosité de la surface du sol est ajustée à une valeur plus compatible avec Lumen, ces artefacts de réflexion deviennent nettement moins visibles. La surface non seulement apparaît plus naturelle, mais permet également à Lumen de calculer les réflexions plus efficacement.

Comprendre comment la rugosité du matériau influence les performances de Lumen peut vous aider à prendre des décisions appropriées dans votre flux de travail de rendu. Cette connaissance vous permettra d'optimiser vos scènes tant en termes de qualité visuelle que d'efficacité computationnelle.

Importation de Modèles : Meilleures Pratiques avec Lumen

Travailler avec les Fichiers de SketchUp Pro

Lorsque vous importez des fichiers natifs de SketchUp Pro (.skp) dans Twinmotion, vous remarquerez certaines limitations intrinsèques. Ces fichiers possèdent une géométrie bidirectionnelle qui ne fonctionne pas bien dans les scènes avec Lumen. Le résultat est souvent une scène plus sombre avec un éclairage global bruité et incorrect. Pour un rendu plus performant, il est conseillé de convertir vos fichiers SketchUp Pro au format Datasmith (.udatasmith) avant de les importer dans Twinmotion. Vous pouvez utiliser le plugin Datasmith Exporter pour SketchUp Pro à cette fin. En convertissant vos fichiers en format Datasmith, vous assurez que la géométrie est mieux comprise par Lumen, ce qui vous permet d'obtenir un éclairage adéquat.

L'Importance du Mode de Collapse

Un autre aspect clé à considérer lors de l'importation de fichiers dans Twinmotion est le mode de "collapse" que vous choisissez. Twinmotion propose plusieurs modes de "collapse", chacun ayant une influence sur la manière dont Lumen interprète la scène.

- **Keep Hierarchy** : Ce mode conserve la structure hiérarchique du modèle 3D d'origine, permettant à Lumen de générer des "Cartes" efficacement pour un éclairage global précis. C'est le paramètre recommandé pour éviter les débordements de lumière ou autres artefacts indésirables.
- **Collapse by Material** : Bien que ce mode puisse sembler acceptable pour des scènes plus simples, il peut créer des problèmes avec l'éclairage global et conduire à des scènes plus sombres. Il réduit également le nombre de "Cartes" que Lumen peut générer, compromettant ainsi la précision du rendu.
- **Collapse All** : Ce mode aplatit toute la structure hiérarchique, ce qui peut entraîner de graves problèmes tels que des artefacts lumineux. Pratiquement aucune "Carte" n'est générée pour le bon fonctionnement de Lumen, conduisant à des rendus imprécis et irréalistes.

Pour vous assurer que vos rendus avec Lumen sont aussi précis que possible, nous vous recommandons fortement d'utiliser le mode "Keep Hierarchy" lors de l'importation. Il est important de comprendre que le choix du format de modèles et le mode d'importation influencent les performances de Lumen.

Limitations Connues

Réflexions Spéculaires
Dans la version actuelle, Lumen ne prend pas en charge les réflexions spéculaires, ou miroir-like. C'est une limitation connue et un élément à prendre en compte lorsque vous visez des scènes hyper-réalistes.

Maillages Dynamiques : Cycloramas et Murs LED
Bien que Lumen gère bien les Maillages Statiques, il ne supporte pas les Maillages Dynamiques. Cela signifie que des éléments comme les cycloramas et les murs LED ne sont pas compatibles avec Lumen. Même s'ils peuvent sembler similaires aux Maillages Statiques, leur fonctionnalité est différente. Néanmoins, il est bon de noter que le support pour les Maillages Dynamiques est en cours de développement et devrait être intégré dans les futures versions.

Limitations dans les Réflexions de Type "Miroir"
Comme je vous l'ai montré précédemment, les réflexions spéculaires sont un autre domaine où Lumen est insuffisant. Les réflexions spéculaires directes, en particulier celles qui ne sont pas visibles dans l'"espace" de la caméra, sont rendues comme des approximations à basse résolution. Cela peut être une limitation significative lorsque l'on demande une haute fidélité.

Réflexions Multiples
La version actuelle de Lumen ne supporte que partiellement l'interaction complexe de la lumière entre deux ou plusieurs surfaces réfléchissantes, connues sous le nom de réflexions multiples. Celles-ci apparaissent noires lorsque la surface réfléchissante n'est pas visible à la caméra. Comme pour d'autres fonctionnalités, des améliorations dans ce domaine sont en cours de développement.

Végétation créée avec l'outil "Vegetation Paint"
Dans les scènes incluant de la végétation "peinte", l'éclairage global de Lumen ne prend pas en compte les rebonds de lumière de ces éléments.

En comprenant ces limitations connues, vous serez mieux équipé pour les contourner ou attendre des mises à jour futures qui abordent ces problèmes. Gardez un œil sur les développements en cours alors que l'équipe d'Unreal Engine continue à améliorer les capacités de Lumen.

Paramètres de Lumière et de Caméra pour le Photoréalisme avec Lumen

Dans les pages suivantes, vous découvrirez à quel point Lumen est similaire au Path Tracer dans la mise en place de scènes idéales pour le photoréalisme. Souvent, en activant simplement Lumen, vous obtenez immédiatement une image convaincante dans la fenêtre d'affichage de Twinmotion. Pour ceux qui ont travaillé sur Twinmotion pendant un certain temps et ont rencontré des difficultés avec le moteur raster - en particulier les utilisateurs Mac pour lesquels le Path Tracer n'est pas une option - cela peut sembler peu moins que miraculeux.

Prenons pour premier exemple une scène d'intérieur typique d'architecture. J'utiliserai une scène d'Archinteriors 51 d'Evermotion, conçue pour 3D Studio Max.

La scène a d'abord été ouverte dans 3D Studio Max et exportée en utilisant le format Datasmith. Elle a ensuite été importée dans Twinmotion. Après l'importation, quelques ajustements manuels étaient nécessaires pour corriger les matériaux. Cela comprenait la sélection de l'option "Two-side" (double face) et le chargement de certaines textures manquantes : une étape laborieuse mais essentielle pour atteindre le photoréalisme. Souvenez-vous toujours que les matériaux plats, créés en utilisant uniquement la texture "couleur", affectent négativement la qualité du photoréalisme.

Note Importante : Comme déjà spécifié précédemment, lors de l'importation d'une scène Datasmith dans Twinmotion dans l'intention de l'utiliser avec Lumen, il est crucial de l'importer en utilisant la fonction "collapse" réglée sur "keep hierarchy" (conserver la hiérarchie).

Une fois chargée dans Twinmotion, la scène apparaît initialement plate et éloignée du photoréalisme avec le moteur raster actif. Cependant, ce n'est presque pas un problème si vos modèles et textures sont détaillés et de haute qualité. La scène s'améliorera considérablement lorsque Lumen et d'autres techniques de rendu avancées seront appliquées.

Au-dessus de l'image de la scène chargée, vous remarquerez des améliorations après avoir ajusté certains matériaux en utilisant les shaders disponibles dans Twinmotion.

Par exemple, j'ai perfectionné certains matériaux réfléchissants en les rendant un peu plus opaques, comme les vases sur la table au premier plan.

Dans l'image suivante, Lumen est activé sans aucune modification particulière. Notez le passage immédiat du plat au photoréaliste, soulignant ainsi l'efficacité de Lumen dans l'amélioration 3D.

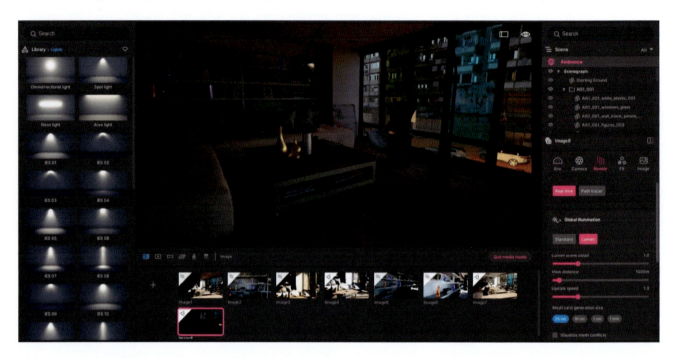

L'image pourrait commencer à paraître sombre, mais le réalisme immédiat provient de l'éclairage global et des ombres indirectes. Nous affinerons l'éclairage et d'autres aspects dans les sections ultérieures.

Tout d'abord, il faut mettre en place le bon éclairage pour le réalisme, avec l'éclairage global et l'occlusion ambiante. Réglez l'heure à 18h45 et faites pivoter l'horizon pour laisser entrer la lumière solaire par les fenêtres. Nous n'appliquons aucune configuration spéciale pour le moment, observez simplement les changements dans le rendu de la scène.

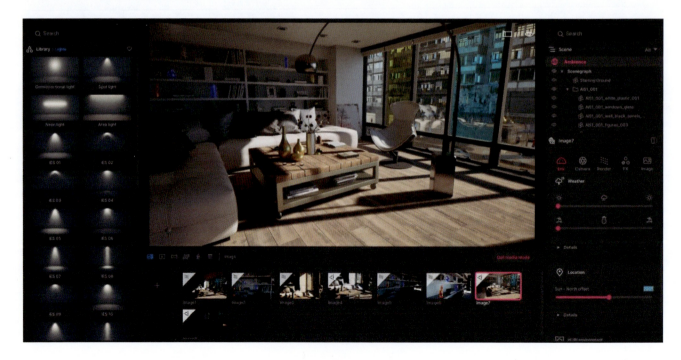

Comme vous pourrez le remarquer, il y a deux panneaux de verre coloré dans la scène, mais Lumen ne prend pas en compte ces matériaux translucides. Donc, pour obtenir un véritable photoréalisme avec Lumen, vous avez deux options :

- Rendre le verre coloré transparent. C'est une approche simpliste, mais elle pourrait fonctionner si le verre coloré n'est pas essentiel à votre scène.
- Utiliser des lumières pour simuler l'effet de couleur du verre.

Soyez conscients que vous n'obtiendrez pas la même qualité qu'avec un Path Tracer, que je montre ici uniquement à titre de référence.

Dans l'image ci-dessous, vous verrez les nuances de bleu et de jaune du verre qui influencent grandement la scène. Notez qu'ici aussi, j'ai simplement activé le Path Tracer sans aucun réglage particulier.

Si vous optez pour la deuxième approche, parce que vous ne pouvez pas vous passer du verre coloré mais souhaitez néanmoins un rendu photoréaliste qui prend en compte ces matériaux, vous pouvez utiliser trois "lumières d'aire" distinctes - deux jaunes et une bleue. Pensez à une lumière d'aire comme à un cube émettant de la lumière. Vous pouvez en modifier les dimensions pour la transformer en une forme rectangulaire qui peut être positionnée et orientée au sein de la scène pour simuler l'ombre colorée créée par la lumière traversant le verre.

Dans l'image générée avec Lumen ci-dessus, j'ai laissé sélectionnée la "lumière d'aire" bleue afin que vous puissiez voir sa position par rapport à la fenêtre et à l'ombre colorée.

Ci-dessus, il y a deux images créées avec Lumen. Celle à gauche ne comporte pas de lumières colorées pour simuler l'ombre provenant des fenêtres.

À ce stade, de manière similaire au Path Tracer, vous pouvez identifier une zone sur laquelle focaliser la caméra en activant le FOV (Field of View) et le DOF (Depth of Field). Une telle configuration, typique dans le monde de l'archviz d'intérieur, permet de créer des vidéos photoréalistes de haute qualité et offre la flexibilité pour diverses prises de vue avec différentes conditions d'éclairage et angles.

Ci-dessous, il y a quelques images finales rendues avec Lumen, accompagnées des détails sur les paramètres utilisés pour le rendu.

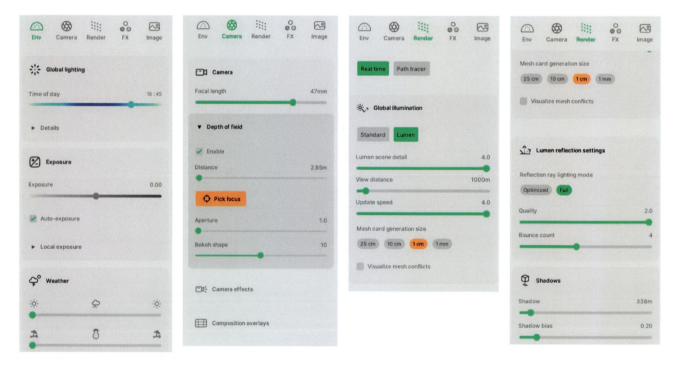

J'aimerais vous présenter un autre scénario de test : un cadre en soirée dans une ville. Cela nous permettra d'explorer les configurations optimales pour gérer les lumières artificielles dans Lumen.

Ici aussi, le photoréalisme dépend de la configuration de votre scène : en particulier des modèles et matériaux utilisés. Lumen excelle dans les scènes avec un éclairage faible et avec des lumières artificielles, offrant une qualité de rendu excellente.

Utiliser des lumières pendant la nuit diffère en partie des paramètres dans le Path Tracer.

Vous remarquerez que lorsque vous passez du Path Tracer à Lumen, la couleur de la scène a tendance à devenir plus "chaude". Dans ces cas-là, vous pourriez travailler avec le curseur qui ajuste la température de couleur, la rendant soit plus chaude, soit plus froide.

Je vous montrerai comment capturer clairement une soirée urbaine, puis également prendre une photo avec un FOV plus prononcé (40mm) et la présence d'un épais brouillard de soirée. Vous serez étonné de voir comment Lumen peut offrir une qualité comparable à celle du Path Tracer.

Pour les modèles de cette scène, j'ai utilisé un pack KitBash3D intéressant appelé "Art Nouveau". Il présente des bâtiments dans un style distinctement parisien.

J'ai construit la scène en assemblant certains de ces bâtiments, en définissant une rue et en configurant les matériaux pour utiliser toutes les cartes disponibles (spécifiquement couleur, normal, rugosité et métallique). Dans certains cas, j'ai remplacé les textures originales de KitBash3D par mes propres textures, en particulier pour la carte de rugosité. Ceci a été fait pour introduire quelques "imperfections", améliorant ainsi l'aspect réaliste du matériau.

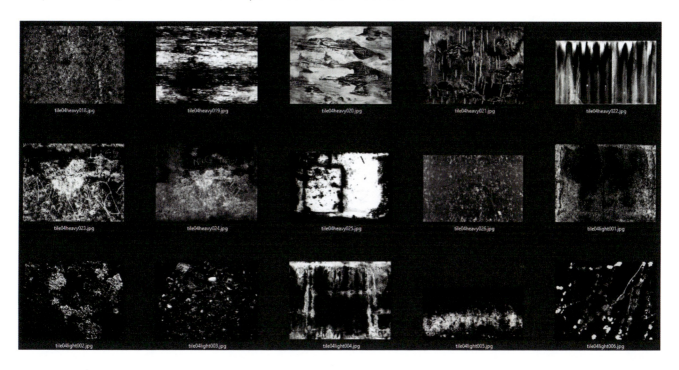

Ci-dessus, vous trouverez certaines des textures (issues de ma vieille collection) que j'ai utilisées pour la carte de rugosité.

Au-dessus, vous pouvez voir l'image brute de Twinmotion avec les modèles positionnés. Comme vous le remarquerez, il y a de nombreux détails et assets stratégiquement placés pour "donner vie à l'image" : des personnes, des voitures, un bus, des scooters, des panneaux et de la signalisation routière. Chaque détail contribue à améliorer la compatibilité de la scène avec le rendu photoréaliste.

Je ne saurais trop insister sur l'importance cruciale des détails que vous parvenez à intégrer harmonieusement dans votre scène pour obtenir un rendu photoréaliste. Dans les vignettes ci-dessus, vous pouvez voir la multitude d'assets utilisés pour cette mise en scène.

Pour une vue du soir en ville, j'ai placé un grand nombre de lumières dans divers bâtiments. Certaines lumières sont "froides", typiques des lampadaires ou des vitrines éclairées, tandis que d'autres sont plus chaudes et tirent sur le jaune. Ce mélange rehausse l'effet de l'éclairage global.

Pour le ciel, j'ai utilisé une carte HDRI de Twinmotion nommée LowSun Overcast 29, qui crée un ciel nuageux, parfait pour notre environnement du soir.

Je place la caméra comme si elle était au troisième ou quatrième étage d'un bâtiment donnant sur la rue que nous cherchons à capturer. J'aurais pu cadrer le plan au niveau des yeux, mais cela aurait limité la vue plus large qui est l'objectif pour cette scène.

La magie de Lumen est presque instantanée dès son activation, offrant un niveau remarquable de photoréalisme avec des ajustements minimes. Sur la droite, vous pouvez voir certaines des nombreuses lumières présentes dans la scène.

Enfin, en modifiant les paramètres d'exposition, de contraste et de saturation, vous pouvez atteindre le rendu photoréaliste spécifique que vous recherchez.

Comme vous pouvez le voir, le cadrage ne nous permet pas d'utiliser des fonctions telles que le FOV (Field of View) et le DOF (Depth of Field) qui rendraient l'image plus cinématographique. Cependant, cette scène se prête bien à d'autres prises de vue où j'activerai le DOF et ajusterai le FOV, en plus de changer les conditions météorologiques. Comme toujours, je fournirai les paramètres pour obtenir ces résultats spécifiques.

Twinmotion offre une vaste gamme de filtres qui peuvent être appliqués aux rendus en post-production. Dans l'exemple ci-dessus, j'ai appliqué le filtre MTX qui met en valeur la tonalité verte du film.

Voici les paramètres utilisés pour configurer Lumen.

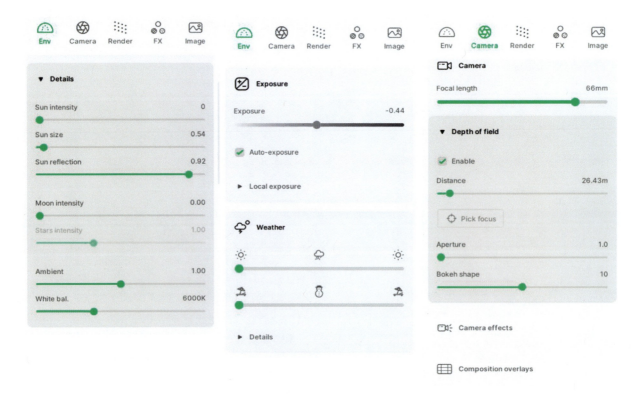

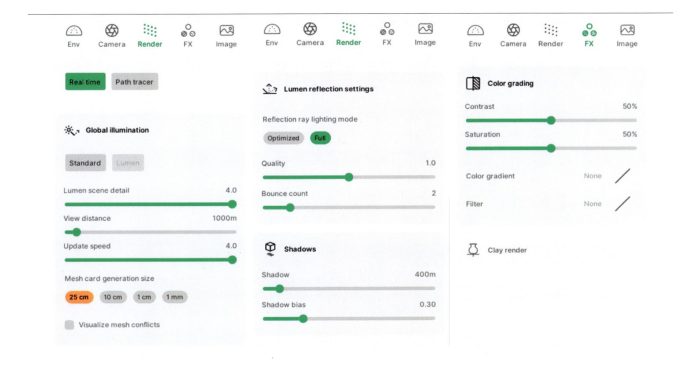

Maintenant, j'ajoute quelques éléments environnementaux qui contribuent à l'atmosphère cinématographique de la photo : des éléments comme le brouillard, la pluie et un zoom dramatique de la caméra rendent souvent les rendus photoréalistes extrêmement convaincants.

Tous les paramètres sont les mêmes que ceux mentionnés ci-dessus, à l'exception du brouillard (réglé à 100 %), de la pluie (activée dans le curseur correspondant dans l'onglet Env) et du FOV ajusté à 40 mm.

Comme vous l'aurez compris, les points clés pour obtenir des rendus photoréalistes avec Lumen concernent en particulier les paramètres environnementaux et d'éclairage.

En ajustant ces paramètres, vous pouvez voir en temps réel comment Lumen réagit aux changements. Les paramètres du moteur de rendu, tels que le niveau de détail et les ombres, sont également importants, mais peut-être pas autant qu'on pourrait le supposer. Ci-dessous, je liste les paramètres qui, à mon avis, contribuent le mieux à la configuration optimale de Lumen.

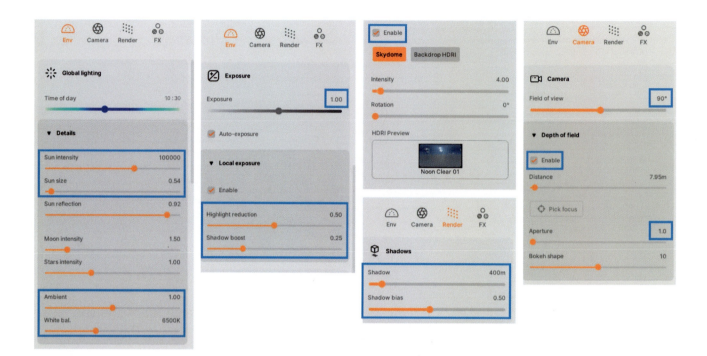

Maîtriser les Environnements Urbains

La création d'environnements urbains dans les applications de rendu 3D représente un défi spécifique qui attire particulièrement les architectes et les artistes 3D. L'intérêt croissant pour la visualisation architecturale, ou ArchViz, a conduit à une demande pour des outils qui sont puissants, efficaces et facilement intégrables dans les flux de travail existants. Twinmotion se distingue comme la solution idéale pour ce type de besoins.

Les architectes engagés dans l'ArchViz recherchent constamment les outils les plus efficaces et rapides pour le rendu de leurs projets. L'efficacité est souvent aussi précieuse que la qualité du rendu final, surtout dans un secteur où le temps est essentiel. La force de Twinmotion réside dans son flux de travail incroyablement rapide, permettant une visualisation en temps réel et accélérant considérablement le processus de rendu. Ce qui demandait traditionnellement des heures peut maintenant être accompli en quelques minutes, le tout sans sacrifier la qualité.

Un autre point fort de Twinmotion est son intégration native avec des logiciels architecturaux populaires comme SketchUp, Revit et ArchiCAD. Cette compatibilité garantit que les architectes peuvent facilement importer leurs modèles existants dans Twinmotion et commencer le rendu sans avoir besoin de conversions laborieuses ou de pertes de détails.

Comme démontré dans les chapitres précédents, grâce aux puissants moteurs tels que Raster, Path Tracer et Lumen, le logiciel capte également les détails les plus complexes. Des réflexions dans les gratte-ciel en verre aux nuances subtiles du ciel du soir, Twinmotion offre un niveau de réalisme sans égal.

Dans le monde compétitif de l'ArchViz, Twinmotion est devenu le choix privilégié pour les architectes à la recherche du parfait équilibre entre rapidité, facilité d'utilisation et qualité exceptionnelle. Que vous soyez un architecte expérimenté ou que vous fassiez vos premiers pas dans le monde fascinant de l'ArchViz, Twinmotion offre la combinaison idéale d'outils, de vitesse et de capacités photoréalistes pour donner vie à vos visions architecturales.

Dans les sections suivantes, nous nous plongerons dans les meilleures pratiques pour optimiser vos rendus d'environnements urbains. Vous apprendrez comment obtenir les meilleurs résultats avec les différents moteurs de rendu lorsqu'il s'agit de scénarios urbains.

Excellence Architecturale : Rendu de Villes et de Bâtiments

Le rendu de scènes urbaines est toujours un défi, non seulement parce qu'il faut souvent introduire un grand nombre de modèles dans la scène - bâtiments, routes, voitures, bus, personnes, végétation, etc. - qui influencent directement les performances de votre station de travail, mais aussi parce que focaliser l'attention sur une structure spécifique n'est pas toujours aisé.

Imaginez que vous souhaitez présenter une série de rendus d'un bâtiment que vous avez conçu dans un contexte urbain, en visant une qualité photoréaliste. Vous devrez construire une scène détaillée autour de votre structure principale afin que, depuis divers points de vue de la caméra, la scène demeure plausible en termes de photoréalisme. Fondamentalement, cela se traduit par le besoin de consacrer beaucoup de temps et d'efforts, ainsi que d'avoir accès à une vaste bibliothèque de modèles pour compléter votre scène. Heureusement, de nombreuses ressources sont disponibles, tant au sein de Twinmotion - grâce aux liens avec Sketchfab et Quixel - qu'externalement via des marchés offrant des milliers de modèles de qualité de divers types et formes.
Cependant, créer une telle scène ne devrait pas détourner l'attention du bâtiment principal que vous souhaitez mettre en avant. Le positionner simplement au centre de l'image ne suffit pas pour capter l'attention du spectateur. Votre structure principale devrait avoir des caractéristiques uniques qui en font naturellement le point focal de la scène.

Un autre aspect crucial à considérer est le niveau de photoréalisme que vous souhaitez atteindre. Comme discuté dans les sections précédentes de ce livre, le monde réel est intrinsèquement imparfait. Lors du rendu d'un bâtiment que vous souhaitez vendre à des clients, on a souvent tendance à le représenter dans toute sa splendeur, exempt de défauts. D'un côté, cela met en avant la beauté et l'harmonie du bâtiment, satisfaisant un objectif primaire. D'un autre côté, la quête du rendu photoréaliste pourrait être compromise par la perfection du modèle.

Une fois que vous avez décidé quels éléments inclure dans le rendu et quel type d'image vous souhaitez générer, il devient crucial de déterminer la portée de la scène. Représenter un gros plan d'un bâtiment qui occupe 80% de l'image est beaucoup moins complexe que de le situer dans un paysage urbain plus vaste. Dans ce dernier scénario, je préfère ajouter d'abord les bâtiments secondaires à l'image, suivis du réseau routier. Cela me permet d'établir rapidement les proportions souhaitées. Ce processus peut être encore simplifié si ces éléments sont déjà définis dans votre logiciel de modélisation ; tout ce que vous aurez à faire sera de les inclure dans la scène, puis d'améliorer les matériaux et l'apparence.

En suivant ces lignes directrices, vous serez mieux équipé pour gérer les complexités du rendu d'environnements urbains, vous permettant de présenter efficacement votre sujet architectural principal tout en maintenant le niveau de photoréalisme souhaité. Dans les sections suivantes, les meilleures pratiques pour obtenir des résultats optimaux avec divers moteurs seront soulignées lorsqu'il s'agit d'environnements urbains.

Si votre rendu englobe une grande partie d'un paysage urbain, il est probable que vous devrez gérer des modèles low-poly avec des textures à basse résolution. En général, cela vous permet de peupler votre scène avec des dizaines ou même des centaines de modèles sans surcharger votre ordinateur. Représenter une telle scène atteint un bon équilibre entre détail et qualité. Un conseil que je peux offrir est de se concentrer sur l'ajout de détails dans les parties de la scène les plus proches de la caméra.

L'image ci-dessous, rendue avec Lumen, contient près de 30 millions de polygones, même si les modèles des bâtiments sont en low-poly. Imaginez combien une scène similaire avec des modèles en high-poly serait intensive en termes de ressources. Faire les bons choix en termes de niveau de détail du modèle et de nombre de polygones, ainsi que la résolution des textures, peut faire la différence entre être capable de créer et de gérer une scène et réduire votre ordinateur à une vitesse de 1 FPS.

Comme vous pouvez le voir dans l'image, la partie inférieure la plus proche de la caméra présente divers détails tels que des graffitis et des objets qui enrichissent la scène. Les bâtiments en arrière-plan, en revanche, sont des versions en low-poly avec des textures de résolution 512x512.

En parlant de détails que vous pouvez ajouter à la scène, dans l'image ci-dessous, vous remarquerez la différence entre le modèle original, brut et sans détails, qui n'est pas adapté pour des rendus de haute qualité, et le même modèle enrichi avec de nombreux détails que j'ai pris de Sketchfab et Quixel, directement à l'intérieur de Twinmotion.

Ci-dessus, vous pouvez voir un modèle brut de la collection Archmodel 234 d'Evermotion, rendu avec Path Tracer.

Vous remarquerez que le modèle a un nombre réduit de polygones et que les textures sont en basse résolution. La zone avec l'inscription "Grocery" apparaît pixellisée, les escaliers ne sont pas de véritables marches mais plutôt une pente inclinée avec une texture qui simule les gradins, en plus de plusieurs autres limitations du modèle.

Ci-dessus, nous voyons le même modèle, mais enrichi avec des détails provenant de Sketchfab et Quixel: des décalcomanies, des escaliers et des éléments placés sur ceux en basse définition pour rendre la scène plus réaliste.

Dans la vue ci-dessus, vous pouvez voir tous les objets que j'ai ajoutés au modèle original. Les modifications ont été étendues : je n'ai pas seulement ajouté des panneaux de verre pour simuler les fenêtres, mais j'ai aussi pris des cadres pour les fenêtres, des portes, un arbre, un vélo, une voiture, des antennes sur le toit, des déchets, des portes, ainsi que des décalcomanies avec des graffiti et des imperfections murales.

Prenez cette règle à cœur, applicable dans tous les contextes : Les images photoréalistes ne concernent pas seulement un bon éclairage et un bon cadrage ; elles nécessitent également des modèles de haute qualité, des caractéristiques détaillées et des matériaux PBR.

Les images qui suivront montreront le rendu d'un projet classique d'archviz, où l'intégrité du modèle à rendre et le photoréalisme doivent souvent trouver un compromis.

Au-dessus, nous voyons l'aspect typique d'un modèle importé dans Twinmotion depuis un logiciel de modélisation 3D - dans ce cas, le projet a été créé dans 3D Studio Max. La scène est simple, les matériaux sont très basiques et il manque complètement de tout élément spécifique qui pourrait suggérer le photoréalisme.

La première chose que nous ferons sera de travailler sur les matériaux pour utiliser ceux qui sont réalistes et de haute qualité. La scène tirée du pack Evermotion ArchExteriors vol 6 offre des matériaux avec seulement deux shaders : couleur et normal.

Nous redéfinirons les matériaux dans Twinmotion en exploitant les textures disponibles et en utilisant également d'autres cartes où possible, comme la roughness, qui permet un meilleur contrôle sur la réflexion de certains matériaux (comme le marbre, par exemple). Nous utiliserons le rendu original réalisé avec 3D Studio et V-Ray comme référence pour recréer le rendu en utilisant Path Tracer et Lumen.

3D Studio Max and Vray

Twionmotion 2023.2 Beta4 and Path Tracer

Twionmotion 2023.2 Beta4 and Lumen

Dans ces images, on peut remarquer que le point focal du rendu est le bâtiment au premier plan. Ajouter trop de détails, d'imperfections ou de décalcomanies, comme nous l'avons fait dans les exemples précédents pour obtenir le meilleur photoréalisme possible, serait contre-productif dans ce type de rendu archviz.

Ci-dessus, vous pouvez voir le rendu réalisé avec Path Tracer. Ci-dessous, en revanche, les paramètres utilisés dans Path Tracer et Lumen pour ce type de rendu sont fournis :

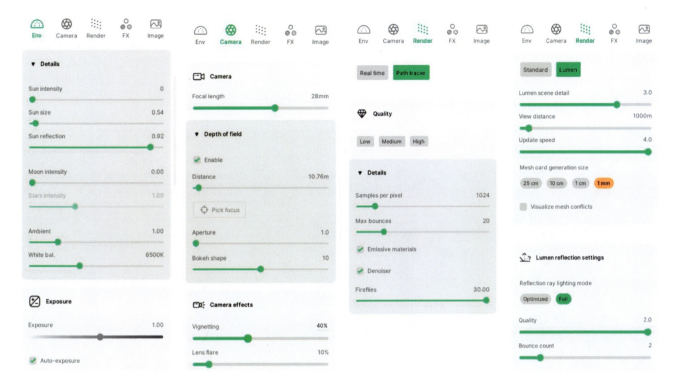

Un autre exemple de modèles et de scènes utilisés dans le rendu archviz, importés de 3D Studio Max vers Twinmotion, provient également du pack Evermotion ArchExteriors vol 6.

Le flux de travail reste toujours le même : on commence par configurer les matériaux, puis on recherche le meilleur éclairage et le point de vue (POV) pour un rendu photoréaliste. L'importation depuis 3D Studio Max en utilisant le bridge Datasmith peut entraîner la perte de certaines textures. Ceci est principalement dû au fait que certains matériaux dans 3D Studio Max sont des matériaux composites, qui ne sont pas tous compatibles avec l'exportation Datasmith. De plus, il n'est souvent pas recommandé d'ajuster des modèles tels que les arbres et les buissons dans Twinmotion, sauf s'ils sont des éléments cruciaux à conserver dans la scène. Il est généralement préférable de les retirer et de simplifier la scène, à laquelle vous pouvez ensuite ajouter, par exemple, des arbres natifs de Twinmotion.

Ci-dessus, la scène est présentée avec les matériaux correctement configurés et tous les éléments superflus, de faible qualité ou difficiles à gérer ont été retirés. À ce stade, il est possible de travailler sur l'éclairage et les paramètres, puis d'ajouter les éventuels éléments manquants, tels que la végétation.

Ci-dessus, vous pouvez voir comment j'ai ajouté de la végétation en utilisant l'outil « paint vegetation ». Comme vous pouvez le remarquer, le modèle est entouré d'arbres et de buissons. Certains de ces arbres seront derrière le point de vue (POV) de la caméra, mais il est important qu'ils soient présents. Cela est dû au fait que le modèle de la maison comporte plusieurs panneaux de verre qui refléteront l'environnement environnant, y compris la zone derrière la caméra. S'assurer que des arbres et de la végétation existent derrière le POV entraînera des reflets plus réalistes dans les panneaux de verre.

Créer un rendu ArchViz convaincant peut être une tâche ardue. À mon avis, le thème de l'éclairage est crucial. Ci-dessous, vous pouvez voir la même scène à trois différents moments de la journée. Twinmotion offre une fonction 'Dusk to Dawn' (De l'aube au crépuscule) pour les lumières, vous permettant d'avoir des lumières qui s'allument automatiquement pendant les heures du soir. De cette manière, vous pouvez expérimenter avec différents moments de la journée sans vous soucier de devoir allumer manuellement les lumières à l'approche du crépuscule.

Voici les paramètres pour les trois rendus effectués avec Path Tracer :

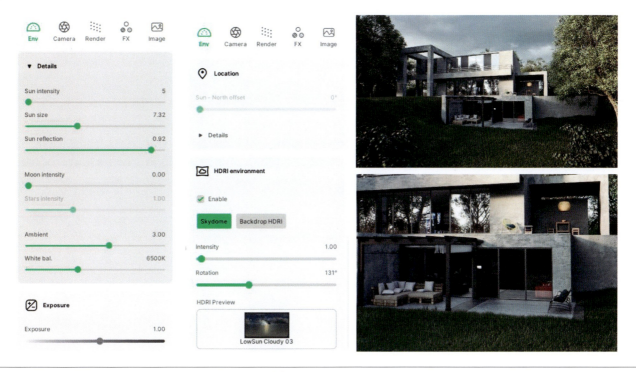

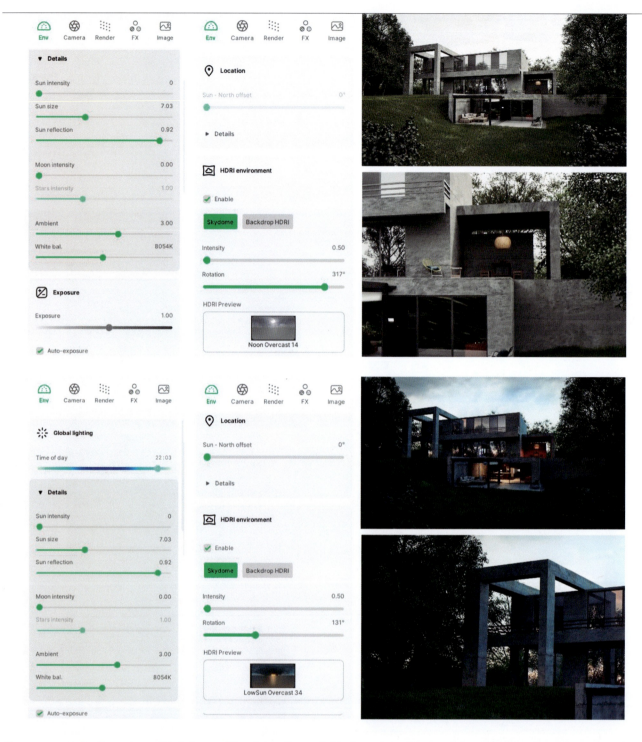

Concernant la fonction d'éclairage "Dusk to Dawn" (Aube au crépuscule), que vous pouvez voir dans l'image ci-dessus, notez que lorsque vous utilisez un Skydome, l'heure de la journée est verrouillée et ne peut pas être modifiée.

Si le Skydome n'est pas réglé sur la nuit, vos lumières resteront éteintes. Pour résoudre ce problème, il suffit d'aller dans le panneau de contrôle du Skydome et de décocher la case "Lock Sun to HDRI" (Verrouiller le Soleil à l'HDRI). Cela vous permettra d'ajuster l'heure de la journée tout en continuant à utiliser le Skydome.

En Mouvement : Voitures et Environnements Urbains

Dans la graphique 3D, une scène urbaine moderne semble souvent incomplète sans l'inclusion de véhicules comme des voitures et des bus. Twinmotion offre des fonctionnalités spécialement conçues pour peupler vos scènes avec des trajets de véhicules réalistes. Vous pouvez facilement tracer les routes sur votre carte et ajuster le niveau de trafic avec un simple curseur, ajoutant ainsi une couche de dynamisme et de réalisme.

Au-delà du simple trafic, il y a plusieurs petits trucs qui peuvent élever le photoréalisme de votre scène. Dans un cadre nocturne, par exemple, considérez comment les lumières de la ville et des véhicules peuvent interagir pour créer un environnement visuellement attrayant et réaliste. Une utilisation correcte des paramètres d'éclairage, tels que la lumière diffuse et la lumière directe, peut profondément influencer l'ambiance globale.

Pendant les scènes diurnes, exploiter des techniques cinématographiques comme le Champ de Vision (FOV) et la Profondeur de Champ (DOF) peut ajouter une autre couche de réalisme. Un FOV plus large peut fournir une sensation d'espace ouvert, tandis qu'un DOF plus étroit peut mettre en évidence un élément spécifique, comme une voiture, en floutant légèrement le reste de la scène.

Donc, lorsque vous travaillez avec Twinmotion pour créer des scènes urbaines, ne sous-estimez jamais le rôle des véhicules. Des configurations d'éclairage aux trajets de trafic, ces éléments peuvent agir comme de puissants outils pour donner vie à votre vision artistique.

L'image ci-dessus illustre un rendu que j'ai créé pour mettre en valeur le photoréalisme d'une scène urbaine où la focalisation principale est le trafic automobile. Le cadre est pendant les heures du soir lorsque les lumières des voitures sont allumées. La scène est en outre enrichie avec des éléments supplémentaires tels que des voitures garées, des piétons et des bus, tous disponibles nativement dans les bibliothèques de Twinmotion.

Pour ce rendu, j'ai utilisé le path tracing et j'ai positionné stratégiquement des bâtiments à faible nombre de polygones avec des textures à basse résolution, comme je l'ai discuté dans les chapitres précédents. À l'arrière-plan, vous pouvez voir les feux arrière rouges reflétés dans les fenêtres des bâtiments, un effet obtenu en utilisant des plans 2D et le réglage du matériau "verre".

Ce que vous remarquerez immédiatement, c'est que les seules sources de lumière dans la scène sont les phares des voitures. J'ai délibérément évité d'ajouter des distractions telles que des panneaux publicitaires ou des lampadaires. L'objectif était de capturer un instantané du trafic urbain du soir dans un cadre qui rappelle Brooklyn.

Pour obtenir cet aspect spécifique, j'ai utilisé des réglages particuliers, que vous pouvez observer ici. Il est important de noter que, dans ce cas, la Profondeur de Champ (DOF) est désactivée. En gardant le DOF désactivé, le spectateur peut se concentrer sur toute la scène plutôt que d'isoler des éléments spécifiques, en accord avec l'objectif de représenter un environnement urbain animé.

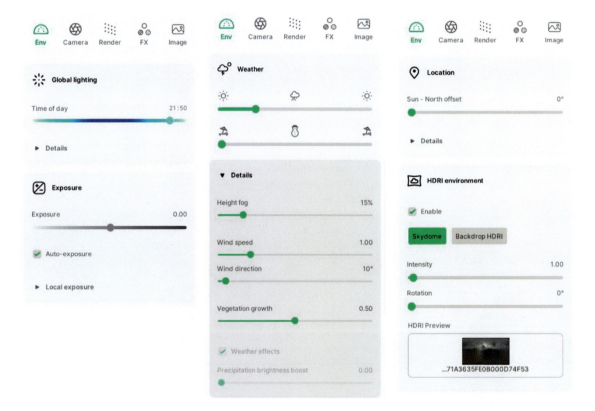

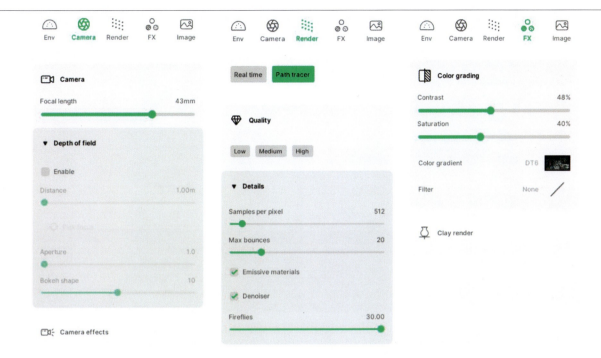

En modifiant les réglages, nous produisons un autre rendu, mais cette fois, nous utiliserons Lumen et situerons la scène dans un environnement matinal lumineux. Cependant, la majeure partie de la scène sera à l'ombre. Si vous vous souvenez de ce que j'ai écrit dans les chapitres précédents, les zones trop éclairées par le soleil peuvent effectivement entraver l'atteinte d'un photoréalisme impeccable.

Pour renforcer l'ambiance "matinale", l'ajout d'un peu de brouillard peut créer un superbe effet de brume, permettant aux rayons du soleil de filtrer au-dessus des bâtiments. Cela contribue à produire cette qualité éthérée souvent vue dans les paysages urbains matinaux, en équilibrant l'éclairage et en ajoutant de la profondeur à la scène.

En utilisant ces réglages, la technologie d'éclairage global en temps réel de Lumen fera le gros du travail, remplissant les ombres de lumière réfléchie douce tout en gardant la scène globalement lumineuse et matinale. Vous verrez que la combinaison de ces éléments - lumière matinale douce, brume, et zones principalement à l'ombre - contribue à un rendu plus convaincant et photoréaliste.

Un défi que vous pourriez rencontrer avec Lumen concerne le rendu des ombres douces. En utilisant un Path Tracer, adoucir les ombres est simple : il suffit d'ajuster la 'Taille du Soleil' pour la lumière naturelle ou d'augmenter le 'Rayon' pour les lumières artificielles. Cependant, Lumen est moins efficace à cet égard. Vous découvrirez souvent que la modification des paramètres 'Ombre' et 'Biais d'Ombre' ne produit pas le même niveau de douceur que vous pourriez obtenir avec d'autres méthodes de rendu.

Dans l'image ci-dessus, à gauche se trouve un rendu réalisé avec Lumen, tandis qu'à droite se trouve un rendu réalisé avec Path Tracer avec une valeur de 'Taille du Soleil' réglée sur 4.
Ci-dessous, vous trouverez les paramètres utilisés pour l'image rendue avec Lumen.

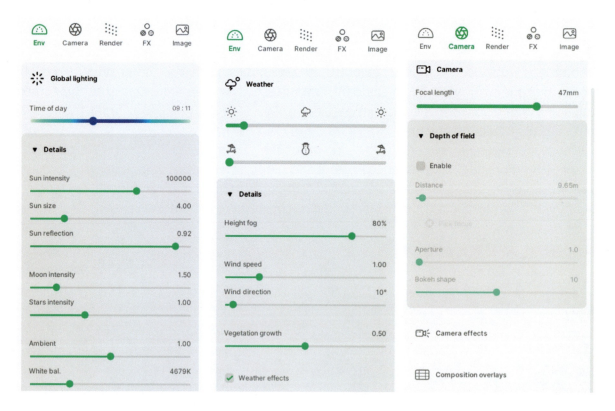

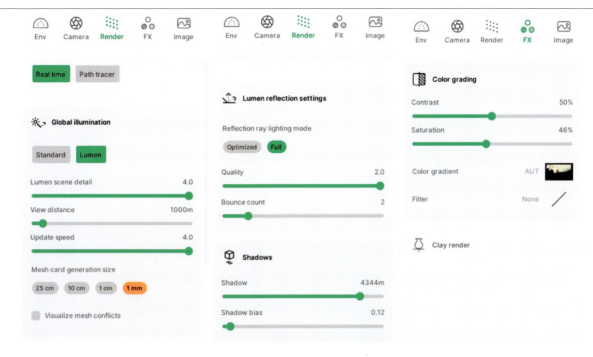

Dans l'image ci-dessus, vous pouvez voir l'effet de la pluie, tandis que l'image ci-dessous montre le trafic sous l'effet d'une chute de neige, toutes deux réalisées en utilisant les fonctionnalités météorologiques intégrées de Twinmotion.

Les paramètres pour ces rendus sont identiques à ceux précédemment détaillés pour le rendu "matinal" avec Lumen. Les seules modifications apportées ont été de régler l'heure de la journée à 22h25 et les effets météorologiques.

Maîtriser l'Archviz : Rendering d'Intérieurs

L'éclairage, l'un des éléments les plus importants dans le rendu d'intérieurs, peut être abordé de plusieurs façons selon le moteur de rendu choisi. Que vous utilisiez Lumen ou Path Tracer, les réglages à appliquer varient souvent. Par exemple, avec Lumen, vous trouverez un accent mis sur les résultats en temps réel, permettant des itérations rapides particulièrement utiles pendant la phase de conception. Le moteur s'adapte aux variations des sources de lumière, qu'elles soient naturelles ou artificielles, vous offrant un environnement dynamique pour expérimenter. D'un autre côté, comme vous l'aurez appris maintenant, lorsque vous optez pour Path Tracer, vous vous aventurez dans un niveau de calcul plus approfondi.

La sélection des matériaux est le prochain pilier que nous explorerons en profondeur. Chaque surface de votre scène, de la brillance des plans en marbre à la texture des sols en bois, influe sur la manière dont la lumière interagit à l'intérieur de l'espace. Là encore, vous découvrirez que les paramètres optimaux peuvent différer entre Lumen et Path Tracer. Par exemple, des finitions ultra-lisses peuvent nécessiter des réglages différents dans Path Tracer pour capturer les réflexions nuancées, par rapport à ce que vous utilisez habituellement avec Lumen. Je vous guiderai à travers les complexités, offrant des conseils et astuces sur la manière d'adapter chaque matériau à votre moteur de rendu sélectionné pour un impact maximal.

L'art du positionnement de la caméra est notre dernier point focal, mais non le moins crucial. La caméra est votre outil narratif ; c'est l'œil à travers lequel votre public vit le monde que vous avez construit. Que vous encadriez un plan large pour révéler la grandeur d'une salle, ou que vous optiez pour un cadrage plus serré pour montrer les détails de conception, les paramètres de votre caméra peuvent être affinés différemment dans chaque moteur de rendu. Par exemple, les capacités en temps réel de Lumen vous permettent d'expérimenter de manière dynamique avec les angles de la caméra, tandis que l'approche plus calculée de Path Tracer pourrait vous demander d'être plus précis dans la configuration de vos prises de vue. Vous trouverez un guide complet sur la manière de tirer le meilleur parti des réglages uniques de la caméra de chaque moteur dans ce chapitre.

Le Rôle de l'Éclairage : Sources Naturelles vs. Artificielles

"Le Rôle de l'Éclairage : Sources Naturelles vs. Artificielles" est un sous-chapitre essentiel qui approfondit les nuances dans la mise en place de l'éclairage pour la visualisation architecturale des intérieurs (Archviz). Que vous travailliez avec Lumen en temps réel ou que vous visiez un photoréalisme cinématographique avec Path Tracer, comprendre l'équilibre entre les sources de lumière naturelles et artificielles peut être un élément révolutionnaire pour vos projets.

Éclairage Naturel

En matière d'éclairage naturel dans l'Archviz, on pense à la lumière du soleil et à la manière dont elle pénètre par les fenêtres, danse sur les murs et projette des ombres douces ou marquées, en fonction de l'heure de la journée. L'éclairage naturel a tendance à rendre les espaces plus grands et plus lumineux.
Meilleures Pratiques pour l'Éclairage Naturel :

- Positionnement des Fenêtres : Prenez en compte le design architectural, y compris l'emplacement et les dimensions des fenêtres, pour maximiser la lumière solaire entrante.

- Heure de la Journée : Twinmotion vous permet de modifier dynamiquement l'heure de la journée. Cette fonction est particulièrement utile dans Lumen, où vous pouvez observer des changements en temps réel. Pour Path Tracer, bien que cela puisse nécessiter plus de temps pour le rendu, jouer avec ce paramètre peut produire des différences significatives dans votre résultat final.
- Ciel HDRI : Souvent sous-estimé, une Image à Grande Gamme Dynamique pour le ciel peut considérablement influencer la qualité de l'éclairage naturel dans votre scène.

Éclairage Artificiel

Les lumières artificielles, comme les projecteurs, les lumières ponctuelles et les lumières ambiantes, jouent un rôle crucial dans la définition de l'atmosphère d'un intérieur. Que vous visiez une atmosphère accueillante et chaleureuse ou un espace de bureau lumineux et vibrant, votre choix de lumières artificielles sera fondamental.

Meilleures Pratiques pour l'Éclairage Artificiel :
- Intensité et Couleur : Varier l'intensité et la température de couleur de vos lumières artificielles peut améliorer ou ruiner votre rendu. Lumen excelle en fournissant des retours en temps réel, tandis que Path Tracer offre une qualité inégalée en termes de dispersion de la lumière et de précision des couleurs.
- Positionnement des Lumières : Le positionnement des lumières artificielles devrait compléter les sources naturelles. Placez vos lumières de manière à éliminer les ombres trop marquées ou les points excessivement lumineux. Ceci est particulièrement critique pour Path Tracer, où chaque rendu pourrait nécessiter plus de temps.
- Utilisation des Lumières IES : Les profils de lumière IES peuvent ajouter un niveau de réalisme à vos rendus en simulant les comportements des lumières dans le monde réel. Les deux moteurs, Lumen et Path Tracer, dans Twinmotion supportent les lumières IES, mais les paramètres pourraient différer légèrement pour obtenir les meilleurs résultats des deux moteurs.

Jetons un coup d'œil plus étroit au rendu suivant : vous verrez aussi les différences dans les réglages entre Path Tracer et Lumen. Les divergences sont moins significatives qu'on pourrait le supposer, mais la supériorité de Path Tracer dans la fourniture d'intérieurs photoréalistes est évidente.

Le premier ensemble d'images (Archinterior vol 52 - modèle 10) présente une lumière naturelle indirecte. Dans ce cas, la seule source de lumière est le soleil, mais ses rayons sont dirigés loin des fenêtres. La lumière qui éclaire les intérieurs est donc de la lumière ambiante indirecte. Comme vous pouvez le voir, les rendus initiaux avec Path Tracer actif, sans aucune optimisation des paramètres, produisent une image trop sombre.

En Ajustant le Contraste, l'Exposition, la Lumière Ambiante et la Saturation

En modifiant des paramètres comme le contraste, l'exposition, la lumière ambiante et la saturation, vous pouvez rapidement trouver un équilibre qui produit un rendu photoréaliste. Cependant, ces options aboutissent souvent à une image relativement sombre. Dans de tels cas, le réflexe habituel est de manipuler davantage des éléments tels que l'éclairage indirect et l'exposition. Bien que cela soit une bonne pratique, pour des conditions d'éclairage comme celles de cet exemple, cela peut ne pas être suffisant. Vous pourriez avoir besoin d'ajuster directement l'intensité de la lumière solaire.

Soyez Prudent : Une Image Plus Sombre N'est Pas Nécessairement un Problème

Avoir une image plus sombre avec les paramètres d'intensité solaire par défaut n'est pas intrinsèquement erroné. Vous avez probablement vu plusieurs photographies d'intérieurs avec une lumière indirecte sombre, alors que l'extérieur visible par la fenêtre semble exceptionnellement lumineux. Cependant, ce type de photoréalisme peut être moins utile lorsque vous créez un rendu Archviz des intérieurs.

Une scène aussi riche en détails et en ressources se prête bien à divers types de rendus. En se concentrant spécifiquement sur la lumière naturelle, vous pouvez effectuer des tests en ajustant l'heure de la journée et la direction de la lumière. Par exemple, vous pourriez viser un coucher de soleil doré avec des rayons pénétrant de manière dramatique par la fenêtre. Une autre option est de positionner la caméra et d'utiliser la Profondeur de Champ (DOF) pour créer des images qui soient à la fois cinématographiques et photoréalistes. Dans les vignettes suivantes, vous trouverez quelques exemples de ces possibilités : de gauche à droite, un gros plan en utilisant le DOF, une scène avec la lumière du soleil directe pénétrant par la fenêtre, et une scène à 19h00 avec une touche de brouillard pour simuler un peu de brume.

Voici les paramètres utilisés avec Path Tracer pour obtenir l'image finale :

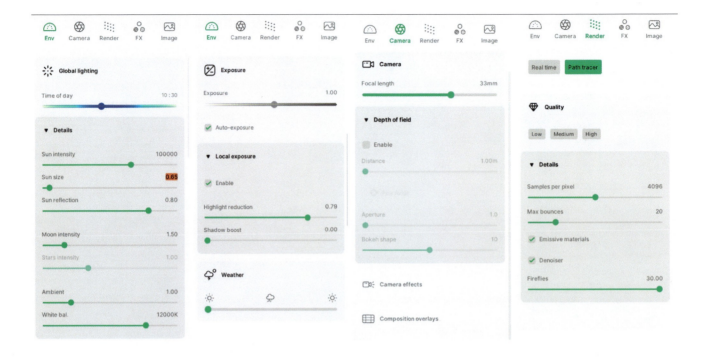

Maintenant, tournons notre attention vers la même scène rendue en utilisant Lumen. Pour Lumen, ce type de rendu est difficile en raison des nombreuses réflexions et de la présence de verre, qui ne se prêtent pas bien aux moteurs en temps réel. Par conséquent, il est crucial de choisir soigneusement le type de matériau pour le verre à utiliser. Le verre coloré, idéal pour Path Tracer, peut ne pas être le meilleur choix pour Lumen (ou pour les moteurs raster, d'ailleurs). Pour capturer au mieux l'effet de verre typiquement vu dans les objets en verre, j'ai opté pour utiliser "item glass" dans la version standard plutôt que celle colorée.

Malheureusement, l'activation de Lumen avec cette scène conduit à des surprises désagréables. Approfondissons les problèmes et discutons des solutions possibles que nous pouvons mettre en œuvre.

Les problèmes les plus évidents peuvent être regroupés en trois catégories principales :

1. Des arcs de lumière apparaissent entre le plafond et le mur, un artefact indépendant de la configuration de l'éclairage et lié au modèle importé.
2. Le matériau métallique des chaises semble beaucoup plus sombre par rapport à la version rendue avec Path Tracer.
3. Le matériau du canapé semble avoir perdu sa rugosité, apparaissant trop lisse.

Commençons par aborder le problème le plus critique, qui est le premier : le mur et le plafond font partie d'une seule mesh, ce qui n'est pas compatible avec le moteur Lumen. Comme décrit dans les sections précédentes, lors de l'importation d'un modèle à utiliser avec Lumen, il est crucial de le diviser en différentes meshs. Dans ce modèle spécifique, le mur et le plafond sont une seule mesh, et Lumen ne parvient pas à générer les cartes de mesh nécessaires pour un rendu précis. La meilleure façon de résoudre ce problème est de séparer les différents modèles. Habituellement, j'utilise 3D Studio Max pour cela.

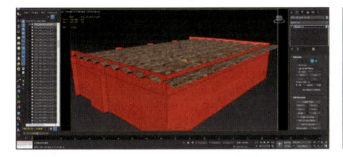 

Ci-dessus, j'ai identifié la mesh problématique, sélectionné le mur et l'ai supprimé, ne laissant que le plafond. En réalité, pour garantir que Lumen génère correctement les cartes de mesh, je devrais également diviser le plafond en composants plus petits.

J'ai résolu les problèmes 2 et 3 en apportant des corrections directes aux matériaux. J'ai éclairci la couleur du métal et j'ai réduit la rugosité du matériau du canapé.

Modifier les matériaux pour obtenir les résultats souhaités avec Lumen n'est pas une pratique recommandée, surtout si votre projet nécessite à la fois des images fixes et des vidéos, nécessitant donc l'utilisation des deux moteurs, Path Tracer et Lumen. Changer les matériaux peut entraîner des incohérences et un flux de travail plus compliqué à gérer. Dans de tels cas, il est préférable de trouver une approche équilibrée qui fonctionne bien avec les deux moteurs, ou d'utiliser un seul moteur pour les images et les animations, en acceptant les limitations en termes de qualité et de performances.

Et qu'en est-il du bon vieux moteur Raster ? Eh bien, ce ne sont pas des scènes adaptées à un moteur raster. Vous pouvez vous référer aux directives des chapitres précédents pour créer un rendu et effectuer la post-production appropriée pour obtenir un résultat satisfaisant. Cependant, l'éclairage et les matériaux similaires au verre dans ces scènes posent des défis significatifs pour le moteur raster.

Ci-dessous sont listées les paramètres utilisés pour le moteur Lumen.

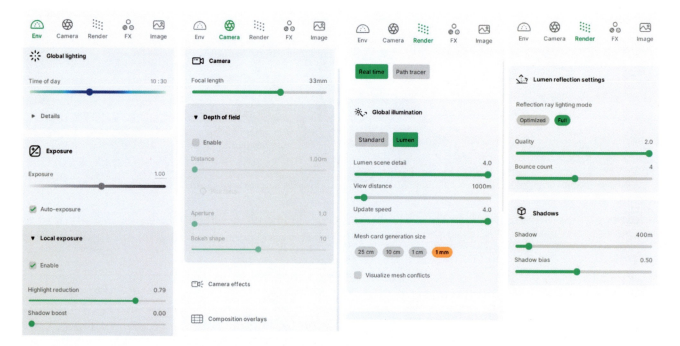

Dans l'exemple suivant, nous allons nous plonger dans les complexités de la réalisation d'un intérieur architectural complexe en utilisant les deux moteurs de rendu distincts : Path Tracer et Lumen, mais avec un élément crucial, à savoir l'utilisation de l'éclairage artificiel, ajoutant ainsi un niveau de complexité à la scène déjà détaillée.

Dans ce contexte, plusieurs sources lumineuses seront utilisées pour éclairer différents aspects de l'espace. En particulier, chaque lampe à l'intérieur de l'installation architecturale sera éclairée en utilisant une lumière omnidirectionnelle. De plus, l'ombrage pour ces sources lumineuses sera activé afin de contribuer au réalisme global et à la profondeur du rendu final.

Pour ceux qui choisissent d'utiliser Path Tracer pour cet exercice, il est recommandé de configurer le paramètre "radius" à une valeur de 8. Cette modification permet d'adoucir les bords des ombres, conférant à la scène un éclairage plus naturel et photoréaliste.

Voici les paramètres de lumière et de rendu pour le Path Tracer.

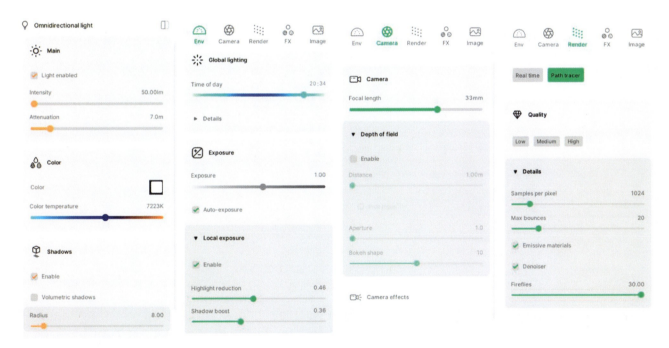

Jetons également un œil au même rendu réalisé avec Lumen. Dans ce cas, les lumières artificielles répondent bien, même si je n'ai pas réussi à adoucir les ombres qu'elles projettent.

Cela est dû au fait que l'approximation des ombres et leur douceur conséquente fonctionnent d'une manière particulière avec la lumière solaire et non avec les lumières artificielles.

Et voici les paramètres utilisés.

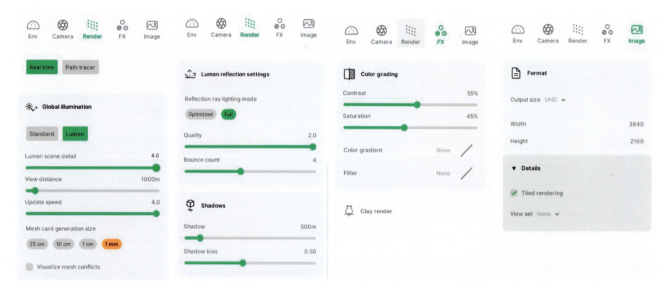

Je tiens à souligner que dans les paramètres, j'ai dû utiliser le rendu en tuiles (tiled rendering), car avec ma configuration informatique, cette scène était trop lourde pour Lumen. Cela entraînait un épuisement de la mémoire GPU et un crash subséquent de Twinmotion.

Matériaux : Comment Choisir et Appliquer les Textures

Dans la visualisation architecturale, surtout pour les intérieurs, les matériaux ne sont pas seulement des choix esthétiques ; ils sont les pierres angulaires qui peuvent faire ou défaire le photoréalisme de votre scène. L'une des méthodes les plus efficaces pour atteindre le réalisme est d'utiliser des matériaux basés sur le rendu physique (PBR), une technique avancée qui simule précisément comment la lumière interagit avec diverses surfaces.

Approfondissons quelques-unes des cartes clés couramment utilisées, en gardant à l'esprit que celles-ci ne représentent qu'une sous-catégorie de la vaste gamme d'options de cartes disponibles. Diffuse (ou couleur) sert de couleur de base et est la carte fondamentale qui détermine à quoi ressemblera un matériau sous un éclairage neutre. La rugosité (Roughness) contrôle la qualité tactile de la surface, variant de la douceur semblable à un miroir à la rugosité du papier de verre. La carte Métallique (Metallic) régule les qualités réfléchissantes, déterminant si le matériau apparaît métallique ou non métallique. Les cartes normales sont utilisées pour ajouter des détails plus petits et plus complexes en simulant des creux ou des rides sur la surface.

Ajoutons à cette liste la carte de Déplacement (Displacement), qui offre un niveau de détail encore plus grand en modifiant physiquement la géométrie de la surface du matériau. Cette carte est particulièrement utile pour reproduire des matériaux texturés tels que la pierre ou la brique, fournissant une couche supplémentaire de réalisme qui va au-delà de ce que les cartes normales peuvent atteindre.

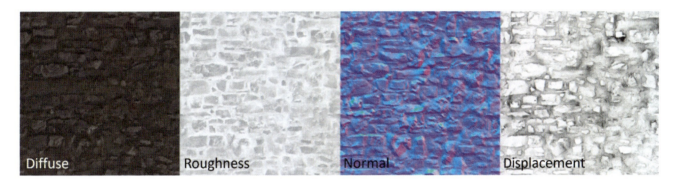

Vous avez raison, et je m'excuse pour cette confusion. Le terme "mappa" en italien se traduit souvent par "carte" en français dans le contexte de la graphique 3D, et non par "map" qui pourrait évoquer une carte géographique. Ces "cartes" ou "textures" sont des éléments essentiels dans le rendu 3D pour modéliser la manière dont les matériaux interagissent avec la lumière.
Alors, comment ces textures se traduisent-elles dans un environnement clos comme une mise en scène intérieure ? La qualité et le choix des matériaux sont particulièrement critiques ici, car la lumière se comporte différemment selon les surfaces avec lesquelles elle interagit. Par exemple, une surface rugueuse pourrait diffuser la lumière de manière éparse, tandis qu'une surface métallique lisse pourrait produire des reflets nets et focalisés. Comprendre ces interactions est crucial pour obtenir un rendu photoréaliste dans vos scènes d'architecture intérieure.
Voici comment deux matériaux utilisés dans la scène de ce chapitre changent lorsque les valeurs des différentes textures sont modifiées (rendues avec Lumen).

  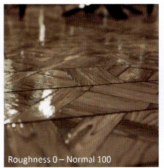 

Choisir les bons matériaux et textures pour votre scène nécessite une approche stratégique.

Pensez aux éléments narratifs de votre scène : Est-ce le jour ou la nuit ? Le temps est-il ensoleillé ou pluvieux ? Ces conditions influenceront votre choix de matériaux et de leurs propriétés comme la Diffuse et la Rugosité (Roughness).

De plus, la position de la caméra joue un rôle significatif dans la perception de ces matériaux. Les paramètres de Profondeur de Champ (DOF) et de Champ de Vision (FOV) peuvent grandement influencer la focalisation et la perspective du spectateur, soulignant d'autant plus l'importance du choix de matériaux dans l'architecture d'intérieur en rendu visuel (archviz).

Positionnement de la Caméra : Trouver les Meilleurs Angles

Le positionnement de la caméra est à la fois une compétence technique et une entreprise artistique en visualisation architecturale. La position, l'angle et le choix de l'objectif peuvent grandement influencer la narration, le flux visuel et la résonance émotionnelle d'une scène. Un mauvais positionnement de la caméra peut transformer même un intérieur méticuleusement conçu en un espace visuellement peu attrayant.

Pour commencer, il est essentiel de maintenir des lignes verticales et horizontales droites, surtout en visualisation architecturale d'intérieur. Une inclinaison de la caméra peut déformer les perspectives et influencer les relations spatiales dans votre rendu. Pour maintenir une verticalité naturelle, positionnez la caméra à hauteur des yeux, généralement à environ 1,6 mètre du sol.

En ce qui concerne le choix de l'objectif, il est crucial de comprendre les compromis entre les objectifs grand-angle et étroits. Un objectif grand-angle vous permet de capturer plus d'espace, mais peut également déformer les proportions. À l'inverse, un objectif étroit offre une perspective plus naturelle mais limite l'étendue de la zone capturée dans le cadre.

La Profondeur de Champ (DOF) joue un rôle clé dans la focalisation de l'attention du spectateur au sein de la scène. Un DOF réduit peut mettre en avant certains éléments, ajoutant une qualité cinématographique, tandis qu'un DOF profond gardera tout, du premier plan à l'arrière-plan, nettement en focus. L'utilisation du DOF peut créer différents états d'âme et mettre en avant certains détails de design, en faisant un outil puissant dans votre arsenal de visualisation.

Le Champ de Vision (FOV) est un autre paramètre qui affecte la quantité de la scène visible dans le rendu final. Un FOV élevé peut capturer plus d'environnement mais pourrait entraîner des distorsions sur les bords du cadre. Un FOV plus bas limitera la vue mais peut offrir une représentation plus réaliste de l'espace.

L'interaction entre le positionnement de la caméra et l'éclairage ne doit pas être négligée. Différents angles interagissent de manière unique avec l'éclairage, créant une gamme d'ombres et de motifs de luminosité. Ceci est particulièrement crucial dans les scènes intérieures, où la lumière peut rebondir et interagir avec les murs, les meubles et les accessoires de manière complexe.

Enfin, envisagez des cadres de composition comme la Règle des Tiers ou la Section Dorée pour obtenir une image équilibrée et visuellement satisfaisante. Mais n'oubliez pas, une fois que vous avez maîtrisé ces règles, n'hésitez pas à les briser de manière créative pour répondre aux besoins uniques de votre scène.

La Beauté des Environnements Naturels

Twinmotion est un véritable changement de paradigme également dans le rendu des environnements naturels. Son flux de travail rapide et sa capacité à obtenir des résultats photoréalistes s'adaptent remarquablement bien à la conception paysagère et à la visualisation extérieure.

Imaginez ceci : un environnement montagneux rendu avec une fidélité extraordinaire, où la lumière du soleil filtre à travers les feuilles des arbres et se reflète sur les surfaces des lacs et des rivières. Twinmotion rend tout cela possible, en offrant une série d'outils spécialement conçus pour la modélisation des éléments naturels. Des conifères aux plantes aquatiques, vous pouvez peupler votre scène avec une vaste gamme de flore, en ajoutant même des effets atmosphériques tels que le brouillard ou la pluie pour augmenter le réalisme.

Une autre caractéristique notable est la gestion sophistiquée du logiciel de textures et de matériaux. Par exemple, vous pouvez utiliser des textures haute définition pour les surfaces terrestres, rendant les montagnes et les sentiers tangibles. Et n'oublions pas les simulations d'eau disponibles, des surfaces calmes des lacs aux rapides des rivières, que vous pouvez personnaliser en détail en fonction de leurs propriétés optiques et dynamiques.

Cependant, la véritable magie se produit lorsque vous combinez ces éléments avec les puissantes capacités de rendu de Twinmotion. Que vous utilisiez des moteurs tels que Path Tracer ou Lumen, vous pouvez capturer l'essence visuelle d'un environnement naturel avec une précision sans précédent. Des éléments tels que l'éclairage, les ombres et les réflexions sont gérés avec un niveau de finesse qui peut faire la différence entre un rendu plat et une scène débordante de vie.

Les modèles de qualité sont le pilier de tout rendu réussi, et c'est particulièrement vrai lors de la création d'environnements naturels. Le réalisme de votre scène est aussi bon que les modèles 3D que vous utilisez, et Twinmotion offre une riche bibliothèque de ressources de haute qualité spécialement conçues à cet effet.

Utiliser des modèles haute définition pour la végétation, les roches et les surfaces aquatiques ajoute un autre niveau de crédibilité à votre scène. Imaginez la complexité des textures de feuilles haute résolution, ou les détails granulaires des roches et du sol qui vous font sentir comme si vous étiez vraiment là, au cœur de tout. Les modèles de qualité vous offrent plus qu'un simple plaisir visuel ; ils fournissent des attributs physiques qui interagissent avec la lumière, l'ombre et les réflexions, enrichissant ainsi la composition et le ressenti général de votre rendu.

Lorsque vous travaillez sur des environnements naturels complexes, le besoin de modèles de qualité devient encore plus prononcé. Leur géométrie détaillée et les textures interagissent en synergie avec les puissants moteurs de rendu de Twinmotion, vous permettant de représenter tout, du bruissement des feuilles dans une brise aux motifs d'ondulation à la surface d'un lac, avec un réalisme sans égal.

Dans les sections suivantes, nous explorerons comment optimiser ces éléments pour créer des environnements naturels qui ne sont pas seulement réalistes, mais qui communiquent véritablement la beauté et la complexité de la nature. Des effets atmosphériques aux techniques pour le rendu photoréaliste de la végétation et des plans d'eau, vous aurez tous les outils nécessaires pour transporter votre public dans un monde naturel indiscernable de la réalité.

Vert et Vivant : Rendu de Roches et Végétation

Le rendu photoréaliste d'environnements naturels présente des défis uniques que nous n'avons pas encore abordés. Certains éléments naturels ne sont pas toujours aisés à rendre de manière convaincante, l'eau étant l'élément le plus complexe entre tous. Au-delà des grands corps d'eau tels que les lacs et les océans, il y a des ruisseaux et des rivières qui posent leur propre série de défis. Certains d'entre eux peuvent être surmontés, tandis que d'autres sont de nature plus récalcitrante.

L'eau est particulièrement complexe en raison de sa transparence, de ses propriétés réfléchissantes et de la manière dont elle interagit avec d'autres éléments naturels tels que la lumière et la végétation. Cependant, Twinmotion offre des outils spécialisés pour relever ces défis. Par exemple, les matériaux "eau" peuvent être personnalisés pour émuler différents types de corps d'eau, des lacs paisibles aux rivières tumultueuses. Pourtant, malgré ces capacités, atteindre la représentation parfaite de rapides ou de chutes d'eau complexes peut toujours poser un défi.

Dans les sections suivantes, nous explorerons des stratégies pour naviguer autour de ces obstacles, en discutant quand il est opportun de pousser les capacités intégrées du logiciel et quand il pourrait être préférable d'intégrer des ressources externes pour ce petit supplément de réalisme. Que ce soit pour maîtriser l'art des surfaces lacustres ondulées ou pour comprendre comment représenter le fond d'un ruisseau peu profond moucheté de lumière, Twinmotion offre une série d'options pour vous rapprocher de votre vision d'un environnement naturel parfait.

Dans l'image ci-dessus, vous verrez deux de mes rendus créés en utilisant Path Tracer. Bien que les éléments lumineux et la caméra jouent toujours des rôles fondamentaux, saisir l'"âme" de ces scènes naturelles n'est pas toujours simple. Contrairement aux environnements architecturaux ou urbains, où la géométrie et la structure guident le regard du spectateur, les environnements naturels requièrent un type d'attention différent. L'atmosphère peut être définie par l'interaction de la lumière avec les feuilles, ou par la façon dont les ombres dansent sur une étendue d'eau.

Chaque élément naturel contribue à l'atmosphère générale de la scène. La texture des roches, la translucidité des feuilles au soleil, ou la manière dont l'eau reflète le ciel travaillent ensemble pour créer un tableau vivant qui parle au spectateur. Saisir cette essence nécessite non seulement une maîtrise technique, mais aussi une profonde compréhension de l'esthétique naturelle. Dans les sections suivantes, nous approfondirons comment évoquer cette "âme" dans vos rendus d'environnements naturels. Nous discuterons également de l'importance d'utiliser des modèles de haute qualité pour garantir que vos scènes naturelles soient aussi photoréalistes que possible.

Je vous conseille de jeter un œil à cette vidéo sur la chaîne officielle de Twinmotion où je vous montre comment créer un environnement naturel à partir de zéro. Vous remarquerez dans la vidéo une petite astuce pour simuler un effet de brouillard avec Path Tracer. En effet, la version de Twinmotion utilisée dans cette vidéo n'avait pas encore de compatibilité avec le brouillard. La version actuelle n'aurait pas besoin d'une telle solution pour créer un effet de brouillard ; ce serait simplement une question de l'activer à travers l'option météo.

https://www.youtube.com/watch?v=IMQR69K7zWs

Créer un rendu photoréaliste d'un environnement naturel augmente considérablement le niveau de difficulté : en effet, l'accès à des modèles de haute qualité d'éléments naturels est obligatoire, sinon le résultat ne sera pas satisfaisant.

Heureusement, la bibliothèque de Twinmotion est une précieuse source de ressources naturelles. En particulier, la bibliothèque Quixel ainsi que la bibliothèque native de Twinmotion offrent des milliers d'assets.

La Bibliothèque Quixel Megascans

Dans l'univers de la graphique 3D, Quixel Megascans s'est taillé une place de choix en tant que ressource de référence pour des éléments naturels tels que les roches, les arbres et la végétation. Ce qui le distingue, c'est la qualité photoréaliste de ses actifs. Chaque modèle 3D de la bibliothèque Megascans est basé sur des scans du monde réel, ce qui signifie que les textures et les détails sont pratiquement inégalés. Mais Megascans ne s'arrête pas aux modèles 3D ; il propose également une vaste gamme d'actifs 2D, tels que des matériaux et des décalcomanies. Cela le rend incroyablement polyvalent, utile pour une variété de types de projets au-delà du rendu 3D.

L'un des aspects les plus séduisants de Megascans est son flux de travail optimisé. Les actifs de la bibliothèque sont conçus pour être facilement utilisables sur plusieurs plateformes logicielles de rendu, y compris des piliers de l'industrie tels qu'Unreal Engine et Unity. Cela simplifie le processus créatif, permettant aux designers de se concentrer davantage sur l'art et moins sur la résolution des problèmes techniques.

Lorsqu'il s'agit de rendu d'environnements naturels en 3D, l'importance de Megascans ne peut être assez soulignée. La pure qualité et la diversité des actifs disponibles en font un outil inestimable pour les professionnels. Le détail réaliste de chaque actif 3D contribue à créer des scènes naturelles qui sont presque indiscernables de la réalité. En somme, Megascans est une ressource extrêmement puissante pour quiconque cherche à élever ses propres designs environnementaux à un niveau professionnel.

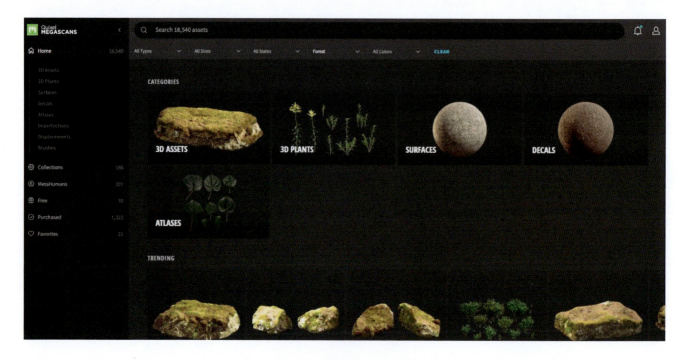

La Bibliothèque Megascans est Intégrée Nativement dans Twinmotion
Cette intégration permet aux utilisateurs de rechercher et d'insérer des ressources directement dans leurs scènes via l'interface de Twinmotion. Cette synergie offre un niveau de commodité et de rapidité qui simplifie considérablement le flux de travail.

Cependant, il est important de noter que télécharger des actifs directement depuis le site de Quixel offre certains avantages distincts qui ne devraient pas être négligés lors de la décision sur la manière d'utiliser ces ressources.

Bien que Twinmotion télécharge automatiquement les actifs avec une résolution de texture de 2K (2048x2048), cela peut ne pas toujours répondre aux besoins de chaque projet. Cette résolution fournit une bonne qualité du modèle pour la plupart des usages, mais peut montrer des limitations lorsque le rendu implique des détails rapprochés. Pour ces cas, le site de Quixel offre une solution en permettant aux utilisateurs de télécharger le même modèle mais avec des résolutions de texture plus élevées comme 4K (4096x4096) et 8K (8192x8192). Lorsqu'il s'agit de décider quelle résolution utiliser, il est crucial de mettre en balance l'impact sur les performances de votre ordinateur avec le niveau de détail que vous souhaitez atteindre.

Dans l'image ci-jointe, il est possible d'observer une comparaison côte à côte du même actif de Quixel. À gauche, l'actif est téléchargé directement via la bibliothèque intégrée de Twinmotion avec une résolution de 2K (2048x2048). À droite, le même actif est téléchargé depuis le site de Quixel avec une résolution de texture de 8K (8192x8192) et importé comme fichier FBX dans Twinmotion. Comme on peut le voir, le niveau de détail à droite est nettement supérieur.

J'utilise fréquemment les actifs de Quixel, soit directement via Twinmotion, soit depuis le site de Quixel. Avec des milliers d'actifs disponibles, créer une scène naturelle photoréaliste et convaincante peut souvent être réalisé rapidement en utilisant les ressources de Quixel. Dans l'image exemple ci-dessous, il n'y a que deux modèles : un navire et un actif de Quixel appelé "Gigantic Tundra".

Il est clairement évident que la qualité du matériau et les détails de la texture 8K se combinent pour créer un modèle unique parfait pour les scènes naturalistes. Dans ce cas, il a suffi de positionner le modèle dans la scène pour obtenir un rendu incroyablement réaliste.

Les Détails du Monde Naturel

L'importance de la qualité des assets est particulièrement significative lorsque les éléments en question sont des arbres et de la végétation. La bibliothèque native de Twinmotion offre de nombreuses options en ce sens. Toutefois, il est important de souligner que différents types d'arbres pourraient ne pas offrir une résolution suffisante pour des prises de vue rapprochées, révélant ainsi les limites de certains modèles. Personnellement, j'intègre mon flux de travail avec des bibliothèques tierces, surtout lorsque j'ai besoin d'arbres ou de fleurs de haute qualité au premier plan.

Il est essentiel de se rappeler que les arbres et la végétation natifs de Twinmotion ont l'avantage supplémentaire de répondre à des facteurs environnementaux tels que les saisons et le vent. Il est possible de modifier l'apparence d'un arbre en ajustant des paramètres tels que la taille, l'âge et la saison de référence. En passant du printemps à l'automne puis à l'hiver, par exemple, vous verrez certains arbres passer de feuilles vertes à jaunes, puis à un état hivernal dénudé. Cette fonction n'est naturellement pas disponible si vous importez des modèles tiers.

Notez que l'effet du vent, bien que théoriquement utile pour les vidéos, est en réalité assez limité. Le mouvement induit par le vent est confiné aux feuilles, laissant les branches statiques. Si vous visez une scène avec un vent fort, vous serez probablement déçu. Je reviendrai sur ce sujet plus tard pour partager quelques conseils sur comment obtenir des effets de vent plus réalistes sur les modèles externes.

Dans l'image ci-dessous, vous pouvez voir l'avantage offert par les arbres natifs de Twinmotion. Être capable de modifier l'âge et la saison des arbres accélère considérablement votre flux de travail de création de scène. Lorsque vous gérez de nombreux arbres et que ces arbres ne sont pas le point focal, vous pouvez obtenir des scènes photoréalistes avec quelques astuces que je partagerai plus tard.

Dans les images suivantes, je compare les détails d'un arbre natif de Twinmotion avec un modèle tiers, en particulier d'une collection Archmodel.

De nombreux marchés spécialisés offrent des modèles de végétation de haute qualité. Cependant, prenez toujours en compte le coût computationnel de l'utilisation d'arbres hautement détaillés avec des textures haute définition. Ceci pourrait avoir un impact négatif sur les performances de votre ordinateur. Ici s'applique la règle générale, comme je l'ai déjà mentionné auparavant : les éléments éloignés de la caméra peuvent avoir des définitions inférieures.

Dans l'image ci-dessous, à gauche, vous verrez un modèle d'arbre natif de Twinmotion, et à droite, un modèle plus détaillé d'Archmodel by Evermotion.

Dans la feuille de route du développement de Twinmotion, une série d'améliorations sont prévues tant en termes de qualité qu'en termes de quantité d'asset concernant les arbres, l'herbe, les buissons, etc. Si le focus de votre image est sur un paysage ou une zone naturelle, vous devez considérer, encore plus que dans la visualisation architecturale (archviz), l'importance des détails. Une scène qui présente un sentier de montagne avec des rochers, des pierres, de l'herbe et des fleurs sera caractérisée par un grand nombre de détails différents, tant de petits que de grands objets naturels tels que des feuilles mortes, des pommes de pin et des branches éparses. Capturer cette essence vous permet de créer le photoréalisme que vous recherchez ; les paramètres d'éclairage et de la caméra viennent après avoir mis en place une scène naturelle riche en détails.

Quixel offre également de nombreux asset pour répondre à ces types de besoins. Voici un exemple de la riche variété d'éléments que vous pouvez utiliser avec Twinmotion pour les environnements naturels:

Examinons l'image ci-dessous (réalisée avec Path Tracer). Essayons d'analyser les détails et les éléments qui ont été intégrés pour créer l'illusion d'une image crédible d'un point de vue photoréaliste.

1. Éléments Quixel stratégiquement positionnés tels que pommes de pin, pierres et branches.
2. Fleurs et plantes spécifiques redimensionnées pour s'adapter à la scène.
3. Débris naturels, dans cette image, près de mille petits débris Quixel ont été placés en utilisant l'outil de gravité pour simuler la dispersion du matériau sur le sol.
4. Touffes d'herbe natives de Twinmotion.
5. Dans les zones où le modèle pourrait montrer des imperfections, il est possible de placer des éléments naturels qui couvriront le point critique.

Ci-dessous la version avec Lumen, où l'on peut remarquer que la lumière bleue du ciel a moins d'influence par rapport au Path Tracer.

Et voici les paramètres pour le Path Tracer et Lumen pour les rendus des images ci-dessus présentées.

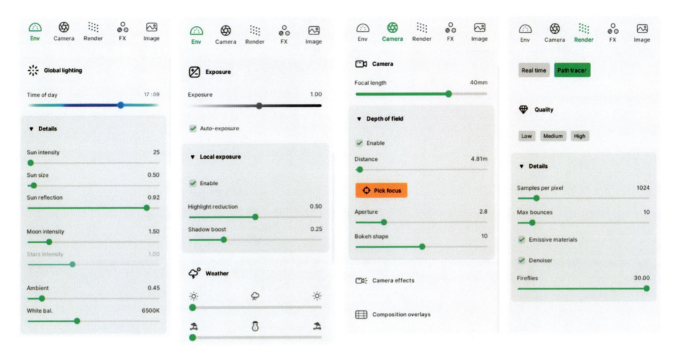

Ci-dessus se trouvent les paramètres pour le Path Tracer, et ci-dessous ceux pour Lumen.

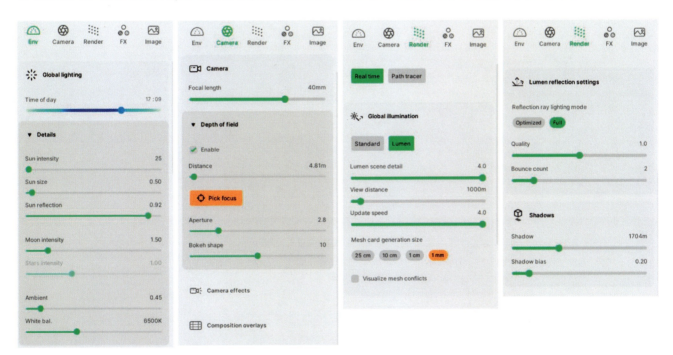

Un aspect intéressant concernant les paramètres de Lumen concerne les ombres dans le panneau de rendu. Comme je l'ai déjà souligné dans les pages précédentes, créer des ombres douces avec Lumen est un défi. Cependant, avec les paramètres que vous voyez ici (ombres à 1704 mètres et inclinaison de l'ombre à 0,20), le résultat est louable.

L'image montre la différence dans la douceur des ombres avec Lumen en travaillant sur les paramètres des ombres dans l'onglet de rendu. À gauche, il y a la valeur par défaut avec les ombres réglées à 400 mètres et l'inclinaison de l'ombre à 0,50, tandis qu'à droite, il y a une ombre plus douce avec les paramètres modifiés réglés à 1704 mètres et 0,20.

Ci-dessous sont présentés deux autres exemples (Path Tracer et Lumen) avec les mêmes paramètres précédemment mentionnés, mais avec une saturation réglée à près de 60% pour rendre l'image plus vivante.

Le modèle de la jeune fille provient de 3Dpeople, et les arbres sont de Archmodel - Evermotion.
Dans le rendu final de ce chapitre, je vous montrerai comment gérer certains artefacts qui peuvent survenir dans les modèles Quixel, même en utilisant des textures 8K. En particulier, l'éclairage peut créer des ombres qui révèlent la nature low-poly de l'asset Quixel, même lors de l'utilisation de modèles LOD0, qui ont le plus grand nombre de polygones. Comme vous pouvez le voir dans l'image ci-dessous, l'asset autonome produit des ombres nettes et tranchantes qui n'apparaissent pas photoréalistes. Ce problème peut être résolu en ajoutant davantage d'assets et de détails, en les positionnant stratégiquement pour masquer les imperfections des ombres. Bien sûr, cela devrait être fait après avoir établi le bon réglage de l'éclairage. Référez-vous à la deuxième image pour le résultat amélioré.

La Puissance de l'Eau : Simuler des Océans et des Rivières

L'eau est l'un des éléments les plus fascinants mais aussi les plus difficiles à rendre dans n'importe quel environnement 3D. Ce n'est pas seulement dû à ses propriétés matérielles intrinsèques comme la translucidité, la réflexion et la réfraction. Le véritable défi apparaît lorsque l'on considère le contexte environnemental.
Qu'il s'agisse d'un océan tumultueux ou d'un lac paisible, l'eau n'est jamais vraiment immobile. Vagues, ondulations et autres formes de mouvement ajoutent des couches de complexité qui peuvent être décourageantes lorsque l'on vise des résultats photoréalistes dans Twinmotion.

Vous pourriez penser que le rendu de l'eau est une montée difficile, et vous n'auriez pas tout à fait tort de le penser. Mais ne vous inquiétez pas ; dans ce chapitre, je vous guiderai à travers les meilleures pratiques pour obtenir les résultats photoréalistes les plus convaincants possibles lorsque vous travaillez avec l'eau.

Quand il s'agit d'eau, il faut considérer comment la lumière interagit avec ses propriétés dans différentes conditions environnementales. Est-ce une journée ensoleillée qui projette des reflets nets sur la surface de l'eau, ou une atmosphère nuageuse qui crée une lumière diffuse ? Ces facteurs influenceront les réglages de votre rendu, et les comprendre est fondamental pour atteindre le réalisme.

L'une des premières choses à faire est d'expérimenter avec les assets natifs de Twinmotion. Quixel ainsi que les bibliothèques natives de Twinmotion offrent une gamme d'assets aquatiques qui peuvent être manipulés pour s'adapter à divers scénarios. Commencez par choisir un asset qui correspond au plus près au plan d'eau que vous essayez de simuler.
L'eau est toujours en mouvement, même quand elle semble calme. Pour un lac, de légères ondulations pourraient suffire, tandis que pour un océan, des motifs de vagues plus significatifs seraient nécessaires. Twinmotion offre des outils pour ajuster ces propriétés, donc jouez un peu jusqu'à ce que vous trouviez ce qui fonctionne le mieux pour votre scène.

Rappelez-vous, l'eau n'est pas simplement bleue ; sa couleur peut varier en fonction de la profondeur, de l'heure de la journée et du paysage environnant. Jouez avec les réglages de couleur pour vous assurer que votre eau s'intègre parfaitement à l'environnement. Réglez la translucidité et les indices de réfraction pour lui donner un aspect naturel.

Enfin, parlons de l'important sujet de l'éclairage. Comment vous éclairez votre scène aquatique déterminera le photoréalisme que vous recherchez. Comme vous avez déjà abordé l'éclairage dans d'autres contextes, utilisez ces compétences ici mais adaptez-les aux propriétés uniques de l'eau. Étant donné le type différent d'interaction lumineuse sur l'eau, y compris la réflexion et l'absorption, vous devrez expérimenter avec des sources de lumière et des paramètres pour trouver le bon équilibre.

Un conseil important à garder à l'esprit, surtout lorsque vous utilisez le Path Tracer, est la technique de simulation de l'eau à travers le verre coloré. Même si ce concept a été discuté dans une section précédente du livre, il vaut la peine d'être réexaminé. Le verre coloré peut être une excellente alternative à l'eau lorsque vous visez des niveaux élevés de photoréalisme. Étant donné la manière particulière dont la lumière interagit avec le verre - très similaire à l'eau - cela peut parfois produire des résultats plus contrôlables et réalistes. Assurez-vous d'ajuster la couleur, l'opacité et les indices de réfraction pour imiter au mieux les conditions de l'eau que vous essayez de recréer. C'est un outil supplémentaire dans votre arsenal, et comprendre quand et comment l'utiliser peut faire la différence dans votre rendu final.

Pour résumer, il est possible de créer l'effet de l'eau de quatre manières différentes :

1. En utilisant la fonction "Océan".
2. En utilisant l'asset "eau" (soit cubique, soit cylindrique), même si cela est rarement pratique.
3. En utilisant l'un des matériaux de type "eau" (idéal pour les moteurs Raster et Lumen, ainsi que pour les animations).
4. En utilisant le matériau en verre coloré (idéal pour le Path Tracer et les images fixes).

Chacune de ces méthodes a ses avantages et inconvénients, et le choix dépendra du niveau de réalisme que vous recherchez, ainsi que du moteur de rendu que vous utilisez. Il s'agit de comprendre les subtilités de chaque approche pour optimiser votre rendu final.

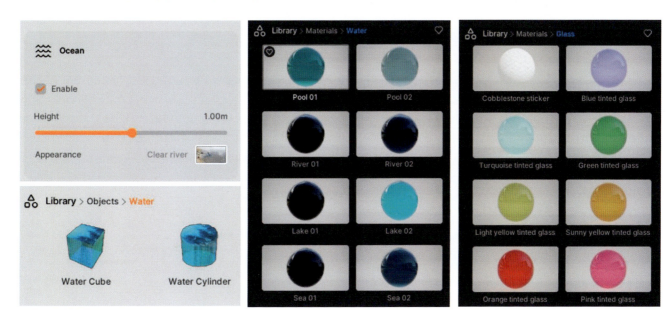

Pour les animations, la meilleure fonctionnalité est assurément l'option 1, la fonction Océan. Cette option vous permet de créer un plan d'eau avec des vagues et des mouvements relativement réalistes en utilisant certains modèles de référence. Ce choix réagit plutôt précisément à l'environnement et aux conditions d'éclairage.

Dans l'image ci-dessous, vous pouvez voir comment le paramètre de l'océan est influencé par la lumière et par le modèle utilisé. Dans les quatre premières images plus petites, nous voyons trois des modèles disponibles et une prise de vue nocturne. Les deux images plus grandes montrent la différence entre Lumen à gauche et Path Tracer à droite. Comme vous pouvez le remarquer, le Path Tracer a un avantage en termes de photoréalisme.

Beaucoup d'utilisateurs de Twinmotion confondent le viewport en temps réel (qui perd sa capacité en temps réel lorsque le Path Tracer est activé) avec la qualité du rendu produit par le Path Tracer. Il est important de prêter attention à ce point : si vous souhaitez rendre une vidéo en utilisant le Path Tracer, vous ne pouvez pas évaluer le résultat final en regardant le viewport avec le Path Tracer activé. Cependant, je peux vous assurer que l'effet vidéo final en Path Tracer présentera un océan parfaitement rendu.

Que se passe-t-il si vous remplacez la fonction Océan par un matériau aquatique appliqué à une surface? La première observation concerne la présence d'une certaine répétitivité dans la texture de l'eau. Tandis que la fonction Océan présente de la mousse et des zones avec différents modèles d'ondes, le matériau aquatique est beaucoup plus uniforme. Personnellement, pour de grandes étendues d'eau comme les mers et les océans, je trouve que l'option Océan est la solution la plus réaliste.

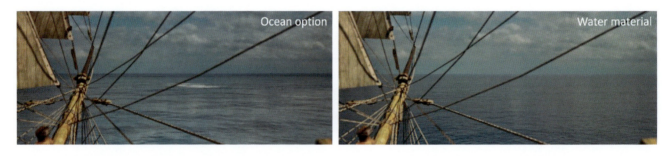

D'un autre côté, le matériau de l'eau offre de nombreux paramètres et est adapté à des cas spécifiques comme les lacs et les piscines (bien que vous devez garder à l'esprit les limitations avec le Path Tracer qui empêchent l'utilisation efficace du matériau aquatique dans certaines situations).
Ci-dessous, vous pouvez voir certains de ces paramètres en action. En ajustant la turbidité et les caustiques, vous pouvez obtenir divers effets convaincants.

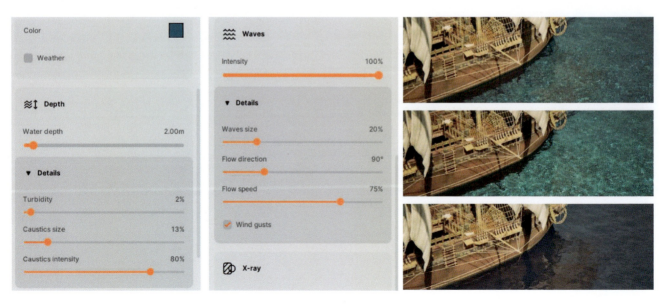

N'oubliez pas que le matériau de l'eau, tout comme le verre coloré, peut être appliqué à n'importe quel type de modèle. Cela ouvre une possibilité intéressante lorsque vous êtes confronté à un corps d'eau en mouvement, comme un ruisseau, où l'eau n'est pas une étendue plate comme l'océan. Dans de tels scénarios, je préfère utiliser le verre coloré. Cela offre un contrôle plus grand sur la transparence, la translucidité et la réflectivité par rapport au matériau de l'eau, qui possède moins d'options.

En effet, alors que les objets comme le cube d'eau et le cylindre d'eau sont pratiquement inutiles pour nos objectifs, l'option du verre coloré fait une différence significative.

La prochaine image, rendue avec le moteur Lumen, est un plan d'une animation plutôt convaincante réalisée entièrement dans Twinmotion. J'expliquerai comment j'ai obtenu ce résultat juste après.

La présence de la Profondeur de Champ (DoF) qui floute légèrement l'eau est une petite astuce qui sert à plusieurs objectifs. Non seulement cela rend le rendu plus photoréaliste et cinématographique, mais cela aide également à masquer quelques petits défauts que les assets représentant le flux d'eau pourraient avoir.

L'effet de l'eau en mouvement est obtenu en utilisant des modèles en forme d'anneau qui tournent sous le sol. Grâce à une série de rotateurs qui tournent à des vitesses différentes, une petite partie de ces anneaux émerge du sol, créant la sensation de l'eau en mouvement.

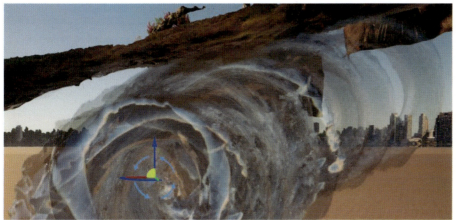 

J'ai modélisé les anneaux dans 3D Studio Max, en leur appliquant une fonction "noise", puis je les ai importés en tant que fichiers FBX dans Twinmotion. Cela m'a donné la capacité de contrôler avec précision la forme et le comportement de la surface de l'eau, la rendant ainsi plus dynamique et réaliste.

Monts et Vallées : Capturer les Montagnes

Capturer la grandeur des terrains montagneux dans Twinmotion nécessite une approche spécifique pour faire face aux défis uniques de la création de rendus 3D de paysages étendus. La première étape vers des résultats photoréalistes est d'abord avec précision l'échelle et les proportions. Contrairement aux scènes plus petites où des approximations pourraient suffire, l'échelle monumentale des chaînes de montagnes exige des ajustements précis, réalisables grâce à l'outil 'Scale' (Échelle) de Twinmotion.

La texture est un autre aspect crucial pour rendre les montagnes de manière convaincante. Les montagnes dans le monde réel offrent une riche variété de matériaux tels que la roche, la neige et l'herbe. La bibliothèque de textures intégrée de Twinmotion permet de superposer et de mélanger ces éléments pour émuler cette complexité. Il est essentiel de se concentrer sur la manière dont les différentes textures interagissent à diverses altitudes, avec des calottes neigeuses aux altitudes les plus élevées, des affleurements rocheux au milieu et des plaines herbeuses à la base.

L'éclairage peut faire toute la différence dans le rendu de vos montagnes. Les montagnes réelles sont sujettes à une variété de conditions d'éclairage en fonction de l'heure et des conditions météorologiques. Les réglages 'Physical Sky' (Ciel Physique) de Twinmotion offrent un moyen de simuler ces conditions variables, et les curseurs pour le 'Soleil' et les 'Nuages' fournissent le contrôle nécessaire pour des effets d'éclairage spécifiques, comme le coucher du soleil ou des conditions nuageuses. Des conditions atmosphériques comme le brouillard et la brume peuvent également ajouter un autre niveau de réalisme. Twinmotion offre différents effets météorologiques, et la clé ici est la subtilité. En exagérant ces effets, vous pourriez aboutir à une scène peu réaliste. Équilibrer le réalisme et les performances computationnelles est également crucial. La fonction de prévisualisation de Twinmotion peut aider à valider le réalisme de votre scène sans surcharger excessivement les ressources de votre ordinateur. Enfin, l'intégration de votre scène montagneuse avec d'autres éléments tels que des bâtiments ou des routes est cruciale pour un rendu final cohérent, facilité par les outils 'Asset Placement' (Placement d'Actifs) de Twinmotion.

La première chose à considérer dans votre scène est de savoir si les montagnes serviront simplement de toile de fond ou si elles seront l'élément central de votre rendu. Si les montagnes sont secondaires et que l'accent est mis sur d'autres éléments tels qu'un bâtiment, une maison ou une ville, vous pourriez opter pour des solutions plus simples. Par exemple, vous pouvez importer des modèles low-poly depuis des plateformes comme Sketchfab via Twinmotion et les positionner de manière adéquate dans votre scène. Si vous maintenez des proportions et des distances réalistes — en plaçant de grands modèles à une distance comme dans le monde réel — vous pouvez obtenir des effets photoréalistes, en particulier avec des conditions atmosphériques telles que le brouillard ou la brume qui contribuent souvent au réalisme.

La question des proportions est fondamentale pour atteindre le photoréalisme. Vous pouvez positionner stratégiquement un modèle de montagne de manière à ce qu'il semble de la bonne taille et à la bonne distance. Cependant, cet effet pourrait être obtenu parce que le modèle de la montagne est en réalité beaucoup plus petit qu'il ne devrait être et est simplement positionné près de la scène. Bien que cette approche puisse fonctionner, elle présente des risques en termes de photoréalisme. Des effets d'éclairage ou météorologiques qui influencent la montagne pourraient rompre le réalisme, ce qui ne se produirait pas si la montagne était à la bonne distance. Par conséquent, prêter une attention particulière à l'échelle et aux proportions est crucial lorsque l'on vise un rendu photoréaliste dans Twinmotion, en particulier lorsqu'il s'agit d'éléments étendus comme les chaînes de montagnes.

Dans l'image ci-dessus, l'attention est portée sur l'ensemble du paysage, avec des collines au premier plan et des montagnes en arrière-plan. Comme expliqué précédemment, les proportions dans cette image sont "réalistes". Le modèle de la montagne, téléchargé depuis Sketchfab, mesure 5x5 kilomètres et a une hauteur de 500 mètres.

En utilisant l'outil Paint Vegetation, j'ai ajouté trois types d'arbres et deux types de buissons, répartis sur deux niveaux différents de végétation. Cela crée un environnement stratifié et nuancé qui renforce le réalisme et la complexité de la scène.

Le modèle téléchargé depuis Sketchfab, étiqueté comme "grassy mountains geo", est idéal pour une scène nécessitant un décor montagneux. La topographie, y compris les collines et le lit de la rivière, offre de larges possibilités créatives. Cependant, il est important de noter les détails du modèle : un modèle de ce genre ne fournira pas des résultats de haute qualité si vous zoomez trop avec la caméra. Il est conçu pour des visualisations à grande distance.

Voici les paramètres de rendu pour la scène précédemment mentionnée :

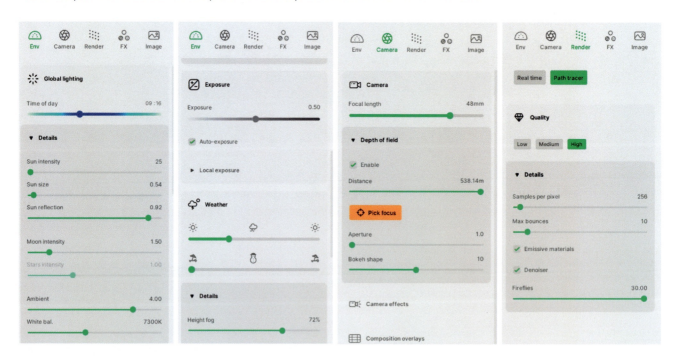

Twinmotion dispose également d'outils spécifiques pour modéliser des environnements naturels. Vous pouvez créer des paysages puis les sculpter à votre guise pour former des vallées et des collines. Pour être honnête, je ne suis pas un grand fan de cette fonction. Peut-être me manque-t-il les compétences pour l'utiliser efficacement, mais je préfère de loin importer des modèles déjà prêts ou les modéliser avec d'autres outils tels que ZBrush ou 3D Studio Max.

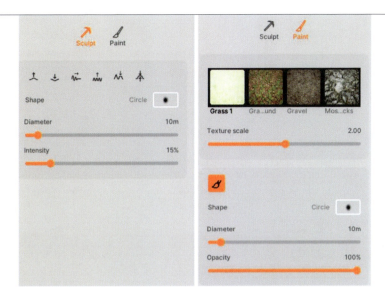

À partir de ce rendu, j'ai ajouté quelques détails tels que des plans avec un matériau miroir pour simuler des étangs et des lacs, ainsi que quelques structures supplémentaires comme une petite église et un château. La scène qui présente la montagne et les collines prend ainsi vie, grâce à la végétation créée avec l'outil de végétation et aux modèles ajoutés qui la rendent plus captivante.

Le rendu de paysages dans Twinmotion offre une vaste gamme de possibilités expressives. Certains rendus ne sont pas seulement photoréalistes, mais transmettent également une forte sensibilité artistique. Prenons par exemple l'image ci-dessous, qui représente peut-être un lever de soleil sur les collines de la Toscane en Italie. Créée en utilisant l'outil standard pour la végétation pour les champs, un brouillard convaincant obtenu en réglant la brume presque à 100%, et une légère Profondeur de Champ (DOF) avec un Angle de Vue (FOV) cinématographique—le tout rendu en utilisant le path tracing—le résultat est stupéfiant.

Explorer les environnements fantastiques

Dans ce chapitre et les suivants, je vous guiderai à travers le processus de création d'environnements uniques et captivants. Je vous fournirai des directives ciblées et des paramètres appropriés, en me concentrant non seulement sur l'utilisation des moteurs de rendu de Twinmotion pour des résultats photoréalistes, mais aussi en partageant mon propre parcours créatif. Mon espoir est que mon expérience puisse servir d'inspiration pour explorer vos propres limites créatives. En incorporant des éléments qui vont au-delà des spécifications techniques, tels que la philosophie du design et la vision artistique, nous irons au-delà du simple réalisme pour créer des espaces vraiment captivants et fantastiques.

Dans le monde de la graphique 3D, l'imagination est la seule limite. Avec des outils de pointe comme Twinmotion et Unreal Engine à votre disposition, les possibilités de créer des environnements fantastiques fascinants et immersifs sont pratiquement illimitées. Ces plates-formes logicielles agissent comme de puissants outils pour traduire vos visions créatives en réalités virtuelles tangibles.

Alors que nous voyageons à travers ce chapitre intitulé "Explorer les environnements fantastiques", nous plongeons dans l'art et la science de la construction de paysages complexes et surnaturels. Ce ne sont pas de simples arrière-plans, mais des espaces dynamiques où la narration et l'ambiance se rejoignent, transformant des polygones numériques en forêts enchantées, villes mythiques ou paysages futuristes.

Bien que la visualisation architecturale traditionnelle vise le photoréalisme, les environnements fantastiques nous mettent au défi de penser au-delà des limites du monde réel. Ici, les lois de la physique peuvent être pliées et vos fantasmes créatifs prennent le dessus.
Ces outils offrent des fonctionnalités avancées telles que l'éclairage dynamique, des textures haute fidélité et des géométries complexes, vous donnant la liberté de créer des scènes aussi détaillées, expansives ou fantastiques que vous pouvez l'imaginer.

Alla fine di questo capitolo, avrai una comprensione completa di come sfruttare l'immenso potenziale del software di grafica 3D per dare vita ai tuoi ambienti più immaginativi.

Science-fiction : Création de paysages futuristes

Étant un grand passionné de science-fiction, des franchises comme Star Wars™ ont toujours alimenté mon imagination et ma créativité. Créer des décors technologiques et futuristes est une de mes activités préférées. L'abondance d'incroyables ressources disponibles en ligne facilite grandement la réalisation de ces environnements de science-fiction.

Kitbash3D se présente comme un excellent marché offrant des packs de modèles thématiques professionnellement conçus. Ces kits s'intègrent parfaitement avec Twinmotion, rendant pratique de peupler vos paysages avec des éléments extrêmement détaillés et réalistes.

Dans ce chapitre, nous nous éloignons du traditionnel et du réaliste pour nous orienter vers les possibilités illimitées de l'imagination et du design futuriste. Ce chapitre offre un guide complet pour imaginer, conceptualiser et rendre des environnements fantastiques et extra-terrestres. En matière de science-fiction, la toile est vaste et inexplorée, permettant l'exploration de civilisations avancées, de terres dévastées post-apocalyptiques, voire de dimensions alternatives.

Le genre de science-fiction offre une opportunité unique de s'affranchir des contraintes du design conventionnel. Que vous imaginiez un paysage urbain cybernétique, une colonie spatiale abandonnée ou un réseau de tunnels souterrains sur Mars, l'objectif est d'immerger le spectateur dans un domaine inconnu mais captivant. Bien que notre focus soit principalement sur l'architecture et la disposition de ces environnements, nous examinerons également les éléments plus petits et nuancés qui contribuent à l'ambiance générale : pensez à des enseignes au néon dans une écriture extraterrestre, des systèmes de transport futuristes ou même des conditions météorologiques artificielles.

L'importance de l'histoire et du contexte se manifeste également dans les environnements de science-fiction. Quelle est l'histoire de cet espace ? Est-ce une utopie ou une dystopie ? La technologie a-t-elle été la salvation ou la ruine de cette société ? Ces questions non seulement influencent vos choix de design, mais engagent également votre public, leur offrant plus qu'un simple spectacle visuel : ils obtiennent une intrigue, un monde, un univers dans lequel s'immerger.

Dans un genre où l'improbable devient la norme, la clé pour créer des paysages futuristes captivants réside dans les détails. Tout, de l'échelle et de la proportion des bâtiments à la manière dont la lumière interagit avec différentes surfaces, peut faire ou défaire l'illusion d'un environnement extra-terrestre. C'est la cohésion de ces éléments qui rendra votre royaume de science-fiction non seulement une collection de designs intéressants, mais un monde crédible et immersif.

À la fin de ce chapitre, vous aurez les outils et les intuitions nécessaires pour créer des paysages époustouflants, réalistes et pourtant futuristes. Votre compréhension des clichés de la science-fiction, combinée aux puissantes capacités d'outils comme Twinmotion et Unreal Engine, vous aidera à transformer les visions dans votre tête en des scènes tangibles et époustouflantes.
Dans cette première image, une vue panoramique d'une ville extraterrestre nous est présentée, créée en utilisant le pack Outpost de Kitbash3D et rendue avec Path Tracer.

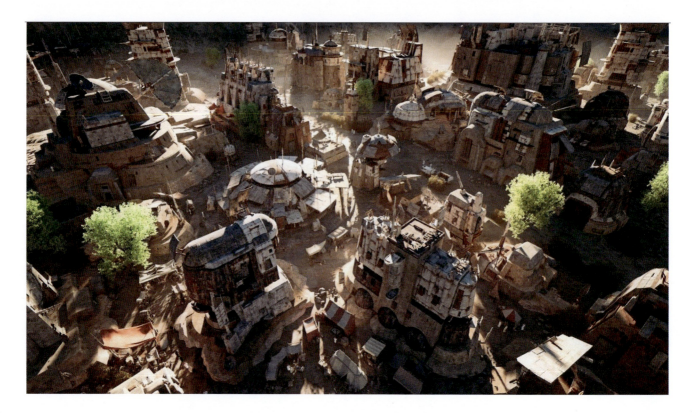

Dans cette vue, une variété de ressources et de techniques se conjuguent pour créer une scène cohérente. La perspective en plongée a été choisie délibérément pour offrir une vue d'ensemble de la ville, mettant en relief sa vitalité par la présence de nombreux bâtiments, personnes et une végétation uniformément répartie. Divers moyens de transport et d'autres détails sont également visibles, ce qui améliore la composition générale de la scène.

Le sol et les montagnes sont des ressources provenant de Quixel Megascans, ajoutant ainsi un niveau supplémentaire de réalisme à la scène. Plus particulièrement, le sol est rendu en 8K, téléchargé directement depuis le site web de Quixel. Ce détail apporte une contribution significative à la profondeur et au réalisme de la scène.

Comme je l'ai mentionné dans d'autres sections de ce livre, la position du soleil et de l'éclairage est stratégique. Les ombres partielles dans la scène rendent l'image plus réaliste. Un ensoleillement direct sur les bâtiments aurait effacé plusieurs détails et aurait rendu l'image plus plate.

Les paramètres de l'environnement pour le rendu ont été obtenus en utilisant un Path Tracer. Dans l'onglet "rendu", je l'ai réglé à 1024 échantillons et 10 rebonds, tandis que tous les autres paramètres sont restés à leurs valeurs par défaut. Ceci équilibre qualité et charge computationnelle, garantissant un rendu à la fois accrocheur et efficient.

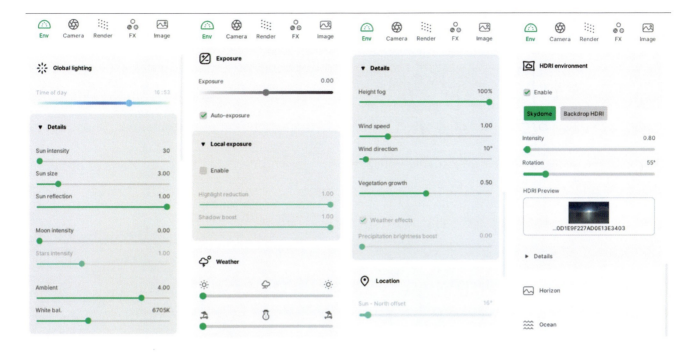

Dans les rendus qui couvrent de vastes zones—à l'échelle de milliers de mètres carrés—les éléments atmosphériques peuvent se comporter de manière très différente selon que l'on utilise un moteur Path Tracer ou Lumen. Il est important de noter que les moteurs raster fonctionnent de manière similaire à Lumen, mais manquent de fonctionnalités avancées telles que l'éclairage global et les réflexions réalistes.

En passant simplement au moteur Lumen, on peut obtenir des résultats considérablement différents par rapport à l'utilisation d'un Path Tracer. Les paramètres environnementaux ont un impact beaucoup plus important dans ce mode. Par exemple, en réglant le niveau de brouillard à 100%, on peut créer un effet d'éclairage volumétrique saisissant à travers toute la scène.

Les objets basés sur des particules, tels que les bancs de brouillard, deviennent également beaucoup plus visibles avec Lumen. Si l'on vise des résultats similaires entre les deux moteurs, il peut être nécessaire de réduire l'intensité du brouillard et peut-être même de déplacer la couleur de l'environnement vers une teinte plus froide.

Obtenir cet effet est plus difficile avec un Path Tracer, qui offre moins d'options de personnalisation pour certains éléments. Les caractéristiques de ces moteurs les rendent adaptés à différents types de scènes, et comprendre leurs points forts et faibles est fondamental pour un rendu optimal.

J'ai déjà abordé ce sujet précédemment, mais je me tourne souvent vers Pinterest pour des références et de l'inspiration. Mon processus créatif commence souvent par l'exploration d'images sur des thèmes tels que la science-fiction et le fantastique via cette plateforme. Une simple recherche ouvre instantanément un univers de suggestions de haute qualité. Elle fournit un riche mosaïque de suggestions visuelles, d'effets d'éclairage et d'éléments thématiques qui peuvent servir de briques de base pour mes propres projets.

Exploiter une telle ressource de manière efficace peut être un véritable tournant dans la phase de conception, offrant une gamme diversifiée de concepts à explorer et à affiner. Que vous cherchiez à émuler un style particulier ou à fusionner plusieurs influences en quelque chose d'unique en son genre, Pinterest peut être un outil inestimable pour stimuler la créativité.

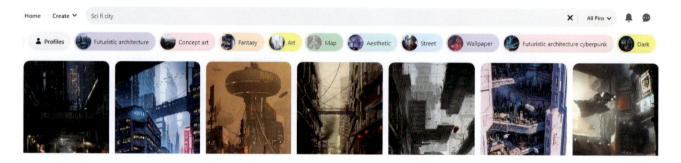

La prochaine image, rendue avec Path Tracer, cache une complexité significative. Tandis que la pièce qui cadre la prise de vue peut paraître simple et sujette à diverses interprétations—suggérant peut-être une histoire à travers ses détails—la fenêtre offre une vue sur une ville futuriste remplie de bâtiments et de gratte-ciels. Ce que vous voyez à travers cette fenêtre n'est pas un simple arrière-plan ; c'est une véritable ville composée de centaines de modèles de bâtiments et de gratte-ciels.

Cette juxtaposition entre l'apparente simplicité de la pièce et le complexe paysage urbain extérieur crée une tension narrative captivante. Elle ouvre la porte à de multiples interprétations et explorations thématiques, rendant le rendu non seulement visuellement stupéfiant, mais aussi riche en potentiel narratif.

Le défi principal a été l'organisation de la ville. J'ai dû utiliser certaines techniques pour éviter que le grand nombre de modèles ne surcharge mon ordinateur. La décimation des polygones et l'utilisation de textures avec des résolutions de 1024x1024 et 512x512 ont joué un rôle crucial. N'oubliez jamais qu'un modèle situé à des centaines de mètres de la caméra n'a pas besoin d'être en haute définition et de consommer de précieuses ressources de calcul.

Les modèles dans la pièce proviennent de Sketchfab et Quixel. Les gratte-ciels les plus grands et détaillés sont de Kitbash3D. La périphérie de la ville présente un modèle que j'ai créé il y a quelques années, conçu spécifiquement pour des rendus de ce type. Le processus de création de tels modèles d'appoint est éclairant. Il confirme ce que j'ai mentionné à maintes reprises : les modèles à faible nombre de polygones, placés loin de la caméra, peuvent néanmoins avoir un fort impact visuel sans causer de problèmes de performance dus à leur nombre de polygones.

Ainsi, même si organiser des scènes de cette complexité peut sembler décourageant, une gestion intelligente des ressources et un positionnement stratégique des modèles peuvent vous permettre d'obtenir des résultats impressionnants sans sacrifier les performances.

J'ai créé le modèle dans 3ds Max et j'ai trouvé une texture typique des banlieues de science-fiction pour l'appliquer. Comme vous pouvez le voir dans l'image à droite, certains artefacts résultant de l'orientation de la texture ont conduit à diverses imprécisions dans le modèle. L'alignement des textures est un aspect subtil mais significatif de la modélisation 3D ; s'il n'est pas fait correctement, il peut compromettre la cohérence visuelle de la scène.

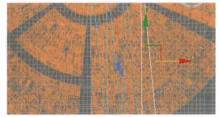

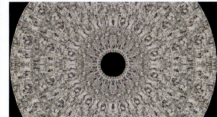

J'ai ensuite travaillé sur les textures pour leur donner un aspect cylindrique, les rendant ainsi adaptées à l'application sur le modèle final, que vous pouvez voir dans l'image en haut à gauche.

Ce modèle corrigé peut être observé ci-dessous dans la fenêtre de visualisation de Twinmotion, configuré au sein de la scène qui montre la pièce et la fenêtre avec vue sur la ville.

La configuration pour le rendu avec le Path Tracer est décrite ci-dessous.

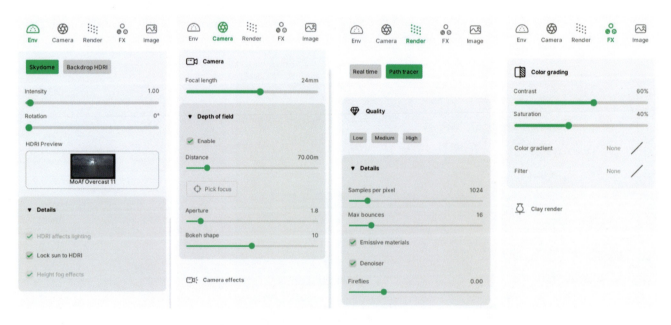

Je ne peux certainement pas capturer l'immensité du monde de la science-fiction dans ce livre ; pour ce faire, un volume dédié au sujet serait nécessaire !

Twinmotion vous fournit tous les outils nécessaires pour libérer votre imagination et construire des mondes de science-fiction de tous types. Et quand je dis "de tous types", je l'entends dans le sens le plus large du terme. Je le démontre avec le rendu suivant. Le photoréalisme ici dépend en grande partie de la qualité du modèle du personnage. Le modèle, disponible sur Sketchfab, est de bonne qualité, mais un modèle plus précis avec des matériaux haute définition aurait davantage amélioré le rendu. Cependant, mon objectif dans ce cas est de montrer la polyvalence de Twinmotion, même dans des rendus comme celui-ci.

Rendre un personnage comme Grogu de l'univers de Star Wars™ souligne les défis uniques pour atteindre le photoréalisme des personnages. La complexité est considérablement accrue par les caractéristiques uniques des êtres vivants, telles que la peau, les cheveux et les yeux.
La peau, par exemple, a des propriétés de diffusion de la lumière, ce qui signifie que la lumière ne rebondit pas simplement sur la surface, mais pénètre également dans la peau et se diffuse à l'intérieur. Cela crée une luminosité particulière difficile à reproduire avec précision.
Les cheveux et la fourrure présentent un autre ensemble de défis. Chaque mèche interagit avec la lumière de manière différente, et le simple nombre de mèches peut rendre le rendu computationnellement intensif. Vous devrez également prendre en compte la manière dont les cheveux ou la fourrure bougent et changent de forme, ajoutant à la complexité.

Ensuite, il y a les vêtements, qui peuvent inclure divers matériaux, chacun avec son propre ensemble de propriétés en ce qui concerne la réflexion, la couleur et la texture.

Tous ces facteurs doivent être soigneusement pris en compte pour produire un personnage convaincant et photoréaliste. Même avec des outils et des fonctionnalités avancées dans des logiciels comme Twinmotion, la tâche nécessite une compréhension profonde à la fois du logiciel et des propriétés physiques que l'on cherche à émuler.

En ce qui concerne les réglages du Path Tracer, la plupart sont des valeurs par défaut. Ceux qui sont importants pour le rendu comprennent :

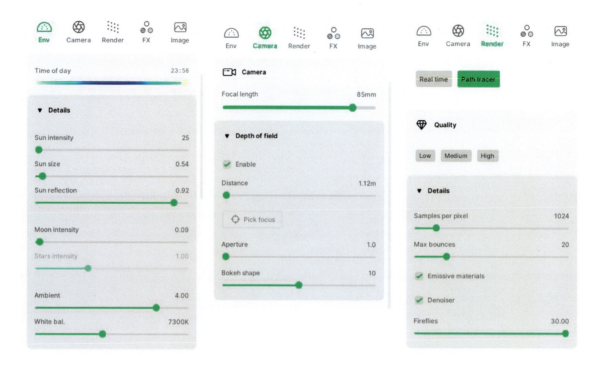

Dans ce rendu, il est intéressant d'examiner les caractéristiques du matériau de la peau du personnage. Tout d'abord, le type de matériau est "subsurface", ce qui permet une pénétration partielle de la lumière à travers l'oreille, créant ainsi un effet plus réaliste. Le matériau utilise également des cartes normales et de brillance pour améliorer encore son apparence réaliste.

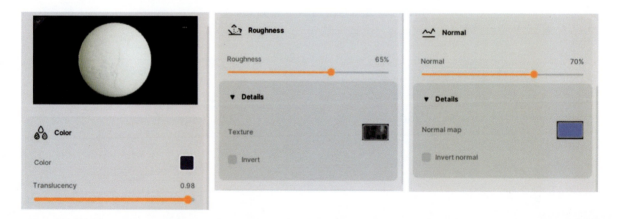

Lors de l'utilisation de Lumen avec un modèle "biologique" où les matériaux de la peau, des cheveux et de la fourrure sont souvent essentiels, l'image résultante peut être considérablement différente. Malgré la sortie de haute qualité, deux choses sont immédiatement remarquables concernant le matériau de la peau :

1. La carte normale est beaucoup plus intense, ce qui se traduit par des rides faciales beaucoup plus profondes sur le personnage.
2. Les propriétés du matériau "subsurface" ne fonctionnent pas comme nous nous y attendrions. Cela est particulièrement évident en observant l'oreille, qui apparaît complètement opaque.

Ces observations soulignent l'importance de comprendre comment différents moteurs de rendu interagissent avec des matériaux complexes tels que la peau, surtout lorsque l'on vise le photoréalisme.

Il est notable que le rendu en 4K en utilisant le Path Tracer a pris 14 minutes et 30 secondes sur mon ordinateur, tandis que le rendu avec Lumen a été achevé en seulement 38 secondes. Pour cette scène en particulier, Lumen a été près de 23 fois plus rapide que le Path Tracer. Étant donné cette différence significative de vitesse, il pourrait être valable de sacrifier des détails subsurfaces et d'accepter quelques rides supplémentaires si le temps est un facteur critique pour vous.

Les paramètres de Lumen pour ce rendu sont identiques à ceux utilisés pour le Path Tracer, à la différence que les paramètres de Lumen ont été réglés à leurs valeurs maximales. La "Qualité des Réflexions" a été mise sur "Complet" avec 2 rebonds. Les paramètres par défaut pour "Ombres" et "Biais d'Ombre" ont été conservés, qui sont de 400m et 0.5, respectivement. Cette configuration montre que, même avec des paramètres maximisés, Lumen offre un temps de rendu beaucoup plus rapide tout en fournissant des résultats de qualité, bien qu'avec certains compromis sur le réalisme du matériau.

Retour dans le Temps : Créer des Scènes Historiques et Fantastiques

Recréer l'histoire et plonger dans des mondes fantastiques n'est pas seulement un acte d'imagination ; c'est une forme d'art qui exige une maîtrise de la technologie, une compréhension de la perception humaine et un talent pour la narration. En ce qui concerne les décors historiques, les détails sont fondamentaux. Des rues pavées aux costumes fidèles à l'époque, chaque élément vise à transporter le spectateur dans le temps. Il en va de même pour les scènes fantastiques, que vous soyez inspiré par la Terre du Milieu de Tolkien ou par votre propre monde débordant de magie, de héros et de créatures mythiques.

Dans les scènes historiques, la recherche est votre arme la plus puissante. L'architecture, par exemple, peut en dire long sur l'époque que vous représentez. Qu'il s'agisse de l'ère victorienne, avec ses structures grandioses et ornementales, ou de l'ancienne Rome, avec ses imposantes réalisations en génie civil, les bâtiments devraient refléter la période. Vous pouvez accéder à des bibliothèques de ressources regorgeant d'éléments historiques personnalisables pour s'adapter à votre scène.

Dans le domaine du fantastique, le ciel est la limite, ou peut-être même pas. Vous pourriez avoir des dragons volant au-dessus de forêts enchantées ou des royaumes sous-marins qui défient les lois de la physique. Ici, plutôt que d'être limité par l'exactitude historique, vous n'êtes limité que par votre imagination. Toutefois, il est essentiel de maintenir une cohérence interne dans votre monde. Si un certain type de magie ou de technologie existe, il devrait suivre des règles logiques dans le contexte de ce monde.

La création de personnages varie considérablement entre les décors historiques et fantastiques. Alors que les personnages historiques nécessitent souvent des traits plus subtils et réalistes, comme des rides, des cicatrices ou des styles vestimentaires spécifiques, les personnages fantastiques peuvent être aussi extravagants que vous le souhaitez. Orques, elfes, sorciers et guerriers peuvent arborer des traits et des costumes jamais vus auparavant, ouvrant un large éventail de possibilités créatives.

Comme toujours, les détails peuvent faire toute la différence, surtout dans les décors fantastiques. Si vous visez une atmosphère à la "Seigneur des Anneaux", prêtez attention à la texture des surfaces comme le bois, la pierre et le métal pour les faire paraître vieillies, usées ou enchantées. Utilisez l'éclairage pour créer une atmosphère qui complète le décor, qu'il s'agisse de la lueur chaleureuse d'une taverne médiévale ou de la lumière spectrale d'une forêt enchantée.

J'ai toujours trouvé des ressources abondantes pour de telles images. Quixel et Sketchfab offrent un vaste ensemble de ressources. Je tiens également à signaler le site web de la société "Big Medium Small" sur https://www.bigmediumsmall.com. Ici, vous pouvez trouver des ressources de qualité et une extraordinaire bibliothèque de ressources médiévales.

Dans ce rendu (réalisé avec Path Tracer), j'ai utilisé la collection "Médiévale" de Big Medium Small (BMS) pour les personnages, tandis que les maisons proviennent de Kitbash3D.

Pour cette scène, le concept créatif était particulièrement important pour moi. Je voulais transporter les spectateurs dans un environnement hivernal froid qui évoque le Moyen Âge. L'armée de croisés qui revient est au cœur de la scène, accueillie par une foule sur les côtés, avec une ambiguïté sous-jacente qui ne précise pas si les soldats reviennent en tant que vainqueurs ou vaincus. Les soldats portant fièrement leurs étendards représentent le noyau central.

D'un point de vue technique, réaliser cette vision a nécessité une planification et une optimisation minutieuses. Chaque modèle de personnage est en low-poly, magistralement conçu par BMS, et positionné avec précision dans l'environnement. Le choix d'opter pour des modèles en low-poly a une raison fonctionnelle : cela permet à l'ordinateur de rendre la scène sans un fardeau computationnel excessif. Les comptages de polygones élevés sont généralement réservés aux gros plans où des détails intricats sont nécessaires, comme je l'ai déjà mentionné précédemment dans ce livre.

L'éclairage et l'atmosphère ont été obtenus grâce à un skydome HDRI. Cette technique offre plusieurs avantages, y compris un éclairage naturel réaliste et un ciel dynamique qui peut s'adapter aux besoins de la scène. J'ai réglé l'intensité du soleil à 1, ce qui a considérablement assombri la scène. Cela a créé un défi pour équilibrer les paramètres d'éclairage afin que les éléments visuels restent cohérents et conservent l'atmosphère que je voulais évoquer.

Une chose à noter est l'impact de la résolution des textures sur la qualité globale de la scène. Dans les sections précédentes de ce livre, j'ai souligné l'importance de la gestion des ressources. Surcharger votre scène avec des textures en 8K peut être un raccourci vers une expérience frustrante avec des performances lentes et des temps de rendu prolongés. Cependant, l'envers de la médaille est que les textures haute résolution peuvent ajouter un niveau de détail incroyable aux modèles qui sont au premier plan de la scène.

Alors, quel est le compromis entre l'utilisation d'une texture en 8K (ou 4K) par rapport à une en 1K ou 2K ? En termes de fidélité visuelle, la différence peut être significative lorsque la texture est appliquée à un modèle au premier plan de votre rendu. Alors que vous pourrez discerner les propriétés matérielles et chromatiques générales avec une texture de résolution inférieure, une texture en 8K vous donnera beaucoup plus de détails, ajoutant potentiellement un nouveau niveau de réalisme à votre travail. Cette nette différence de qualité deviendra évidente dans les illustrations suivantes.

Dans la quête du photoréalisme, la qualité des textures de vos modèles devient une considération fondamentale. Prenons, par exemple, l'armure en mailles de fer portée par le chevalier dans la scène. À gauche, nous avons une texture en 1K et à droite, une texture en 4K. Même à un œil non averti, la différence de résolution a un impact prononcé sur le niveau de détail, surtout dans les plans rapprochés.

La texture en 1K pourrait être suffisante pour les modèles qui occupent l'arrière-plan ou qui sont moins critiques pour la narration globale. Cependant, lorsqu'il s'agit d'éléments au premier plan nécessitant attention et détail, une texture haute résolution est presque toujours préférable. Dans le cas de l'armure du chevalier, la texture en 4K met en valeur les détails de chaque anneau individuel, offrant un niveau de réalisme que la texture en 1K ne peut simplement pas atteindre.

Utiliser des textures basse résolution pour des éléments importants en avant-plan peut compromettre le photoréalisme de votre représentation. C'est comme mettre un acteur de haute qualité dans un costume mal conçu ; peu importe la performance, le public sera distrait par les lacunes dans les détails. Par conséquent, il est crucial d'attribuer des textures haute résolution là où elles sont le plus nécessaires, assurant non seulement que votre scène soit belle, mais qu'elle apparaisse aussi 'réelle'.

Et comme d'habitude, voici les paramètres utilisés pour cette représentation avec Path Tracer.

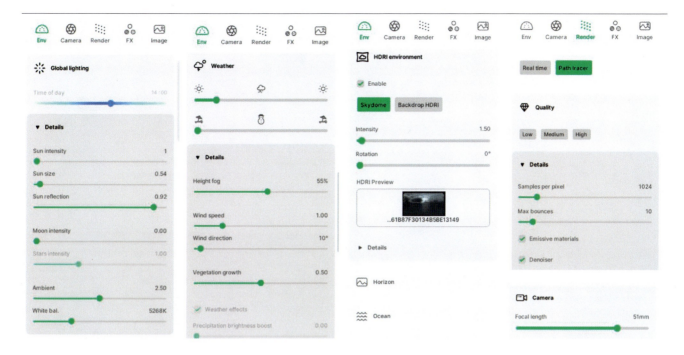

En passant à Lumen, la scène reste substantiellement inchangée, même si elle perd un peu de luminosité globale. Comme je l'ai souligné dans les sections précédentes, Lumen est plus rapide mais peut ne pas capturer toutes les nuances de l'éclairage global que vous obtiendriez avec Path Tracer.

Les capacités de Lumen sont particulièrement évidentes lorsqu'il s'agit de projets avec des délais serrés nécessitant des temps de réponse rapides, sans trop compromettre la qualité. Souvent, il est suffisant pour créer des animations ou des ébauches qui peuvent donner à vos clients ou aux membres de votre équipe une idée très précise de ce à quoi ressemblera le produit final.

Cependant, comme mentionné précédemment, la technologie actuelle de Path Tracer a une gamme plus large de fonctionnalités, en particulier lorsqu'il s'agit de rendre des effets atmosphériques comme la pluie et la neige. Ces touches subtiles peuvent considérablement améliorer le réalisme et l'impact émotionnel d'une scène. Ainsi, si votre projet nécessite un environnement méticuleusement détaillé avec des conditions météorologiques réalistes, en général, Path Tracer serait le meilleur choix.

Cela dit, toutes les scènes n'exigent pas de conditions atmosphériques aussi détaillées. Dans les cas où les éléments météorologiques ne sont pas un point focal, par exemple, si vous créez une scène intérieure ou si l'accent est davantage mis sur les personnages plutôt que sur l'environnement, la rapidité de Lumen peut être un avantage considérable.

Ainsi, bien que Lumen puisse perdre un peu de luminosité globale par rapport à Path Tracer et manquer certains des effets environnementaux les plus complexes, sa vitesse de rendu peut souvent largement compenser ces lacunes. Il s'agit de choisir le bon outil pour vos besoins spécifiques et, comme vous l'avez vu dans les chapitres précédents, Lumen et Path Tracer ont chacun leurs mérites.

Ci-dessous est présentée la comparaison des rendus entre Path Tracer et Lumen dans les mêmes conditions environnementales et de caméra.

Ci-dessous sont indiqués les paramètres pour le rendu avec Lumen (les paramètres d'environnement et de caméra sont les mêmes que ceux utilisés pour le Path Tracer).

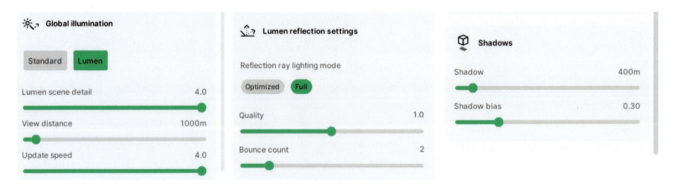

Faisons un bond en avant dans le temps et imaginons une scène située dans le Londres victorien.
Dans ce rendu (réalisé avec Path Tracer), nous plongeons dans l'essence même du Londres victorien, capturant ses rues pavées, les grandes maisons de maître, et la typique brume londonienne qui ajoute un voile de mystère à la scène du petit matin. Contrairement à ce que l'on pourrait attendre, les lampadaires à gaz sont éteints, permettant à la lumière naturelle du matin d'être la seule source d'éclairage de la scène.

Du point de vue technique, le rendu de Twinmotion accorde une attention particulière à l'authenticité historique. Les matériaux pour les rues pavées et les façades des bâtiments ont été choisis pour leur exactitude historique. Les textures sont en haute résolution pour émuler l'aspect vieilli des structures de cette époque. Ce haut niveau de détail devient particulièrement important pour les objets et les surfaces au premier plan, contribuant de manière significative au réalisme de la scène.

La lumière naturelle du matin remplit l'atmosphère, sa luminosité subtile étant calibrée pour refléter les conditions d'éclairage réelles que l'on pourrait attendre à l'aube dans le Londres victorien. Puisque les lampadaires à gaz sont éteints, l'attention est entièrement portée sur la manière dont cette lumière naturelle se reflète sur l'architecture et les rues pavées, projetant des ombres douces mais détaillées qui ajoutent de la profondeur et de la texture au rendu.

Les paramètres de la caméra ont été affinés pour offrir une perspective intime de ce monde historique. Un champ de vision plus étroit renforce le sentiment d'être 'dans' la scène plutôt que de simplement l'observer. Les réglages de la profondeur de champ sont également gérés pour focaliser l'attention sur des éléments architecturaux clés, avec d'autres éléments légèrement flous pour ajouter une touche cinématographique.

Les assets utilisés proviennent de Kitbash3D, Sketchfab, Evermotion, 3Dpeople et Quixel.

Ci-dessous est présenté un détail de l'image (rendue avec Lumen) qui montre le niveau de détail des assets présents dans la scène.

Sketchfab offre une large gamme de personnages, et j'ai découvert que l'outil en ligne gratuit Mixamo est excellent pour les positionner correctement. Lorsque nous utilisons des personnages dans nos rendus 3D, nous avons souvent besoin qu'ils adoptent des poses spécifiques. Créer un squelette dans un logiciel 3D tel que 3D Studio Max ou Blender pour ensuite modifier la pose originale du personnage peut s'avérer difficile et prendre beaucoup de temps.
Lorsque c'est possible, j'utilise un flux de travail simplifié qui tire parti de Mixamo :

1. Je trouve un personnage approprié sur Sketchfab à positionner.
2. Je charge ce personnage dans Mixamo.
3. Je choisis parmi les centaines d'animations prédéfinies disponibles.
4. J'exporte le modèle animé que le système d'intelligence artificielle de Mixamo a correctement mis en pose.

Par exemple, vous pouvez sélectionner un modèle de Sketchfab tel que "Fuse Civilian 2", créé par Leonardo Carvalho, pour commencer avec ce processus simplifié.

Téléchargez le modèle et chargez le fichier FBX sur Mixamo (www.mixamo.com). Indiquez à Mixamo de générer le squelette du modèle. Vous avez également la possibilité de l'affiner en indiquant les différentes parties des articulations du corps. Cela rend non seulement le processus de positionnement plus précis, mais vous fait également gagner un temps considérable par rapport au rigging manuel.

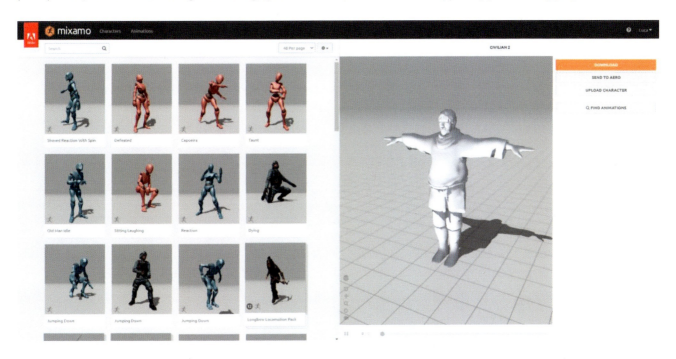

Choisissez une animation, comme "Looking Around" (Regarder autour), et exportez les images qui vous intéressent en utilisant la commande "Télécharger". Cette fonction est particulièrement utile car elle vous permet d'obtenir des poses spécifiques sans avoir à animer manuellement le personnage.

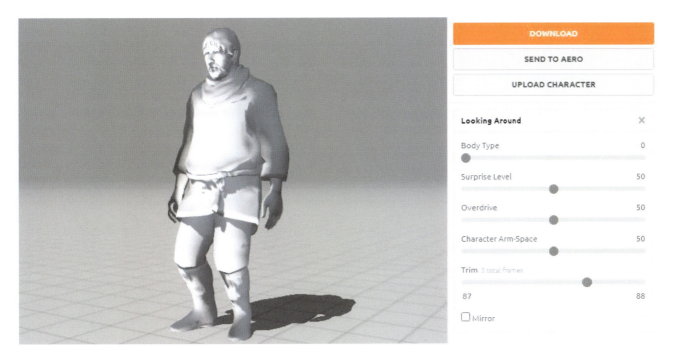

Notez que la feuille de route de Twinmotion inclut le support pour l'importation de fichiers FBX animés. Cependant, dans la version que j'utilise actuellement, cette fonctionnalité n'a pas encore été lancée. Pour le moment, ce flux de travail est utile uniquement pour composer des scènes statiques. Il est raisonnable de s'attendre à ce que, une fois la fonctionnalité d'animation disponible, vous puissiez sauvegarder un fichier FBX complet avec toute l'animation directement depuis Mixamo.

Si vous importez le modèle créé par Mixamo directement, vous pourriez avoir une mauvaise surprise en découvrant qu'il n'est pas correctement positionné dans Twinmotion. L'approche correcte dans ce cas est de l'importer d'abord dans un logiciel 3D compatible avec les modèles FBX animés. J'utilise 3D Studio Max, mais Blender, qui est gratuit, fonctionne également bien.

Après avoir importé le modèle dans le logiciel choisi, sauvegardez-le dans un format standard, non animé, tel que OBJ. Ensuite, vous pouvez l'importer dans Twinmotion. Assurez-vous de vérifier que les matériaux et les dimensions du modèle sont corrects avant d'intégrer l'asset dans votre scène.

Le impostazioni per il rendering della scena utilizzando il Path Tracer sono le seguenti::

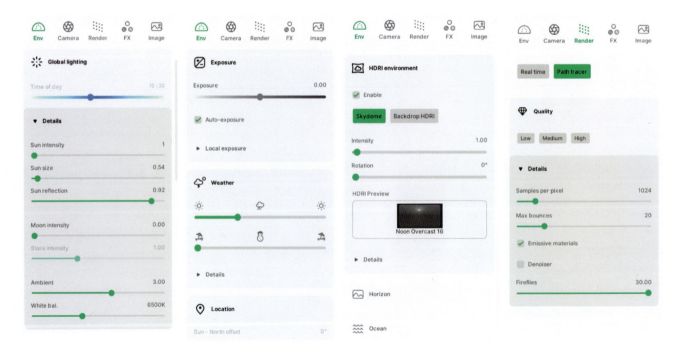

Si vous passez du Path Tracer à Lumen sans changer aucun paramètre, la première chose que vous remarquerez est la réduction de l'influence de la lumière du skydome HDRI.

La légère teinte verdâtre présente en mode Path Tracer disparaît, mais la qualité du rendu demeure remarquable même sans modifier les paramètres environnementaux.

Les paramètres du moteur Lumen sont configurés par défaut ! Je n'ai pas eu à effectuer d'optimisation ni à appliquer des réglages particuliers. Dans ce cas, la différence est apportée par les paramètres environnementaux, qui sont les mêmes que ceux mentionnés précédemment pour le Path Tracer.
Je pourrais vous montrer des dizaines d'exemples de réglages uniques et démontrer comment Twinmotion peut gérer n'importe quel type d'idée extravagante. Je conclurai ce chapitre avec un dernier réglage : un rendu avec un aspect typiquement fantastique. Que vous visiez le réalisme ou que vous exploriez des environnements imaginatifs, Twinmotion offre la flexibilité pour réaliser votre vision créative.

Dans le rendu ci-dessus, nous avons incorporé des ressources provenant de Sketchfab, Quixel et BMS. La ville est un modèle commercial qui peut être acheté sur Sketchfab et est appelé Craco. La mer gelée est une texture trouvée sur le web et appliquée au terrain.

La roche sur laquelle la ville est située présentait plusieurs défauts visuels. Pour les masquer, j'ai utilisé la fonction "Paint Vegetation", sélectionné quelques roches et les ai positionnées stratégiquement au-dessus des parties moins convaincantes de la composition.

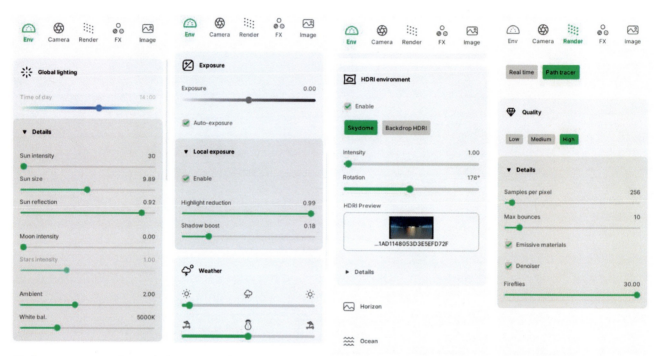

Ci-dessus sont présentés les paramètres pour le Path Tracer, tandis qu'en dessous se trouvent ceux pour Lumen.

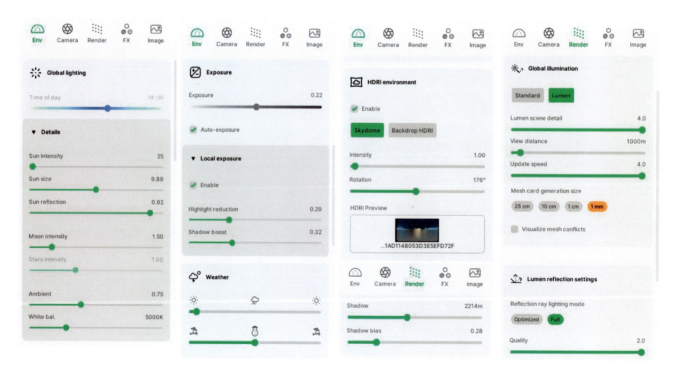

Entrez dans la Matrice : Un regard sur les environnements Cyberpunk

Dans le vaste monde du rendu 3D, le genre cyberpunk se distingue par ses éléments captivants et visuellement stimulants. Connu pour ses paysages urbains illuminés au néon et ses décors dystopiques, créer un environnement cyberpunk dans Twinmotion offre une large gamme de possibilités de design. La première étape fondamentale est de mettre en place l'ambiance. Twinmotion est équipé de divers HDRIs et de paramètres d'éclairage parfaitement adaptés pour obtenir ce look saturé de néon et trempé de pluie, synonyme de cyberpunk.

L'architecture joue également un rôle significatif. Le genre oppose souvent des gratte-ciel futuristes à d'anciens bâtiments en décomposition, reflétant un monde où le progrès technologique n'a pas profité à tous de la même manière. Twinmotion offre une variété de ressources qui peuvent vous aider à capturer cette dualité. Des gratte-ciel scintillants aux façades délabrées, le logiciel permet une approche précise de la construction de votre paysage urbain.

Les textures et les matériaux jouent également un rôle critique. La saleté et l'usure couramment présentes dans les environnements cyberpunk peuvent être efficacement représentées en utilisant la bibliothèque de matériaux de Twinmotion, qui varie de l'immaculé à l'usé, permettant des contrastes dynamiques.

N'oubliez pas les personnages qui peuplent votre scène. Pour une touche plus authentique, envisagez d'importer des modèles de personnages qui s'alignent sur l'esthétique cyberpunk. Comme mentionné dans les chapitres précédents, des outils comme Mixamo peuvent être précieux pour positionner et animer ces personnages afin qu'ils s'intègrent naturellement dans votre environnement.

Commençons par une image dystopique classique qui révèle son photoréalisme à travers le type de cadrage avec l'utilisation de la Profondeur de Champ (DOF), mais surtout à travers sa richesse en détails.

Les détails deviennent plus évidents dans ce cadrage plus large.

Les étagères présentent certains modèles riches en objets ; les boîtes de vis sont composées de plusieurs centaines de modèles de vis placées à l'intérieur d'un conteneur en plastique. L'utilisation de matériaux appropriés a ensuite fait une différence substantielle. Dans le rendu 3D, ce sont ces petits détails qui ajoutent des niveaux de réalisme à une scène.

Les images ci-dessus concernent le moteur Path Tracer. Pour créer les boîtes, j'ai dû utiliser des logiciels comme 3D Studio Max. J'ai trouvé une boîte vide sur Sketchfab et, à l'intérieur de 3D Studio Max, j'ai créé quelques boulons et vis. J'ai ensuite utilisé la fonction de dispersion pour remplir la boîte, que j'ai par la suite importée en tant que FBX dans Twinmotion. Ce processus a été plutôt long, mais l'un des éléments les plus cruciaux pour le photoréalisme est l'attention aux détails.

Cette méticuleuse procédure de modélisation et de dispersion d'objets dans 3D Studio Max avant de les importer dans Twinmotion pour le rendu final permet un haut degré de contrôle sur ces petits détails qui contribuent de manière significative au photoréalisme. Bien qu'il représente un investissement en temps et en effort, le résultat final parle de lui-même, fournissant une scène riche en complexité et en texture.

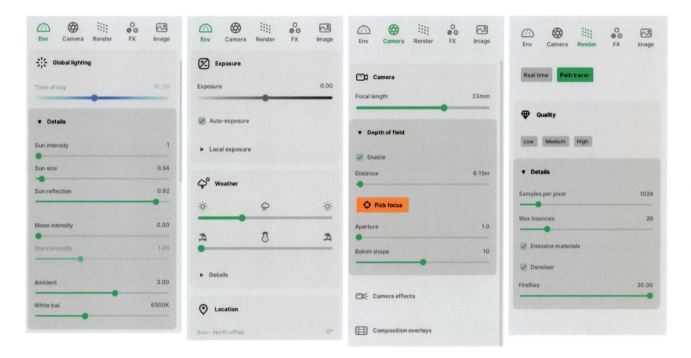

Un environnement urbain cyberpunk peint un tableau vivant, saturé d'une esthétique high-tech en contraste avec un arrière-plan de désintégration sociale. Dans ce contexte, la lumière devient un élément narratif crucial, perçant d'épais nuages de brouillard ou éclairant les rues luisantes de pluie d'une métropole tentaculaire.

Au cœur du style visuel cyberpunk se trouve l'usage artistique et délibéré de l'éclairage coloré. Les enseignes au néon et les affichages holographiques brillent avec des couleurs intenses, projetant les rues et les ruelles dans leur lueur surréaliste. Ces couleurs ne sont pas choisies au hasard, mais pour leur capacité à évoquer des émotions et des atmosphères spécifiques.

En combinant des lumières de nuances spécifiques, une tension atmosphérique typique des images cyberpunk est créée :

- Cyan et Magenta : Cette combinaison semble surnaturelle, avec le bleu froid du cyan contrastant avec le rose chaud du magenta. Elle évoque la contradiction entre le numérique et l'organique, la froideur de la machine contre la chaleur de la vie humaine.
- Jaune et Bleu : Le jaune, rappelant une lumière artificielle sale, contraste nettement avec le bleu ambiant et froid. Ce duo encapsule la dynamique entre un monde usé et vécu et la technologie avancée qui le pénètre.

- Rouge et Vert : Bien que moins courant, quand le rouge rencontre le vert, il s'agit d'une référence directe aux systèmes de codage des vieux ordinateurs.

Dans un contexte cyberpunk, ces combinaisons de couleurs ne sont pas de simples choix esthétiques, mais des outils narratifs. Ils racontent une histoire d'un monde où la technologie fait autant partie de l'environnement que l'air que ses habitants respirent. Le jeu des lumières contre des cieux sombres et enfumés, le reflet du néon sur des trottoirs mouillés, et le contraste entre les ombres profondes et les couleurs vibrantes sont emblématiques d'un futur qui est à la fois familier et complètement étranger.

Dans n'importe quel environnement urbain, l'interaction des lumières peut profondément modifier l'atmosphère, transformant instantanément des lieux familiers en quelque chose directement tiré d'un roman de science-fiction. L'esthétique cyberpunk, caractérisée par ses teintes saturées de néon et ses contrastes, trouve ses racines non seulement dans la fiction mais aussi dans les véritables paysages urbains qui possèdent une esthétique futuriste et pourtant décadente.

Par exemple, Hong Kong, avec son horizon densément peuplé, ses ruelles labyrinthiques et ses rues bondées, offre un exemple parfait. Quand l'obscurité tombe sur la ville, celle-ci s'anime avec un kaléidoscope de lumières :

- Enseignes au Néon : Suspendues au-dessus de rues étroites, les enseignes au néon avec des caractères et des symboles baignent des zones comme Kowloon dans de riches nuances de vert, de rouge et de bleu. La décrépitude inhérente de certaines de ces enseignes, qui clignotent ou sont partiellement brûlées, souligne le sentiment cyberpunk d'un monde high-tech en déclin.
- Étalages de Nourriture de Rue : Éclairés par des lampes fluorescentes brillantes ou des LED, ces lieux animés émettent une lumière nette, généralement jaune ou blanche, créant de forts contrastes avec les teintes plus froides du néon à proximité.
- Panneaux d'Affichage et Écrans : D'énormes affichages électroniques dans des quartiers comme Causeway Bay ou Mong Kok montrent des publicités dans une myriade de couleurs, rappelant les énormes hologrammes et les annonces digitales souvent représentés dans les médias cyberpunk.
- Ruelles : Les veines de la ville où ombres et lumières se mélangent dans une harmonie imparfaite. Une enseigne au néon bleu ici, une lanterne rouge là-bas, combinées à la vapeur qui s'élève des bouches d'aération souterraines ou des étalages de nourriture, peuvent créer la tension atmosphérique emblématique du genre.
- Reflets : Après une pluie, des flaques d'eau se forment sur les routes, servant de miroirs à la cacophonie de néon au-dessus. Ce reflet scintillant est une caractéristique distincte de l'esthétique cyberpunk, amplifiant l'interaction des lumières et ajoutant de la profondeur au paysage urbain.

Ces images réelles sont ce qui a inspiré beaucoup des scènes les plus emblématiques du genre et montrent qu'il n'est pas nécessaire d'avoir un futur dystopique pour expérimenter l'esthétique cyberpunk. Tout ce qu'il faut, c'est la bonne combinaison de lumière, de couleur et de décadence urbaine. En comprenant et en exploitant ces éléments, même une ville contemporaine peut sembler être un portail vers un futur imprégné de néon.

L'image que vous pouvez voir ci-dessous est un témoignage extraordinaire de la manière dont la technologie moderne de rendu, comme celle offerte par Twinmotion, peut capturer l'essence d'une scène. Ce coin périphérique de Hong Kong, capturé juste après une pluie du soir, est baigné de lumières cyan et magenta, créant une combinaison hypnotique. La représentation rend hommage au véritable esprit cyberpunk, soulignant comment la bonne palette de couleurs, associée aux conditions environnementales et aux techniques de rendu expertes, peut transformer un moment ordinaire en une scène riche en atmosphère.

Eh voilà, la même image mais avec un éclairage différent. La métamorphose induite par ce changement d'éclairage souligne l'impact profond que la lumière peut avoir sur l'atmosphère, l'environnement et la perception. Même si les éléments de base demeurent inchangés, une légère variation dans les nuances d'éclairage peut évoquer une émotion et une narration complètement différentes, mettant en exergue la polyvalence et la puissance du médium visuel.

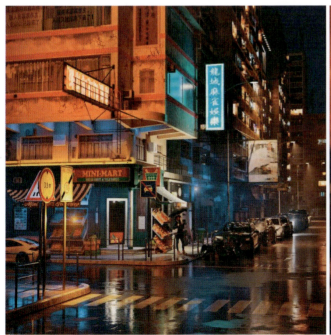 

Gestion des Conditions Environnementales

Maîtriser l'art du rendu 3D ne se limite pas à comprendre l'interface du logiciel ou à savoir quels boutons appuyer. Il s'agit de capturer l'essence d'une scène, et une grande partie de cela implique la manipulation des conditions environnementales. Voici comment jouer avec certaines des conditions les plus courantes pour obtenir l'esthétique souhaitée. Je présenterai à la fois un exemple intérieur et extérieur pour chaque condition environnementale discutée.

En ce qui concerne les paramètres définis dans ce chapitre, beaucoup restent directement applicables lors de l'utilisation de Lumen. Cependant, il y a une différence distinctive à noter concernant la couleur de la lumière ambiante. Lumen a tendance à la rendre avec une tonalité plus chaude par rapport au Path Tracer. Il est essentiel d'être conscient de ce changement, car il peut affecter considérablement l'apparence finale et l'authenticité de vos scènes intérieures. Pour garantir la cohérence et le réalisme, il devient impératif d'ajuster la couleur de la lumière ambiante pour qu'elle s'adapte aux détails architecturaux et à l'atmosphère recherchée.

Le Côté Obscur : Rendu Nocturne

Alors que le monde dort, les lumières des bâtiments, des rues et des voitures peignent un portrait unique de la vie urbaine. Pour maîtriser les scènes nocturnes, concentrez-vous sur le contraste. Les lumières vives devraient contraster nettement avec les ombres sombres, et les reflets jouent un rôle crucial, surtout dans des conditions humides. Utilisez les lumières ambiantes avec discernement, en vous assurant qu'elles ne submergent pas les principales sources lumineuses.

Créer un rendu nocturne d'une visualisation architecturale intérieure présente souvent des défis pour obtenir des résultats photoréalistes. Parfois, les résultats peuvent sembler un peu "cartoonesques". En ajustant la saturation (en la réduisant) et en modifiant le contraste, il est possible d'augmenter le réalisme. Pour les images de premier plan photographiques, l'activation d'une certaine profondeur de champ (DOF) peut encore améliorer l'effet photoréaliste.

Lors de l'introduction de lumières artificielles, je cherche toujours à obtenir des ombres douces. Comme nous l'avons déjà exploré avec le Path Tracer, ceci est relativement simple car en ajustant le paramètre "radius" de la lumière, l'ombre s'adoucit. Cette action, cependant, n'est pas aussi réalisable avec Lumen, ou du moins pas sans compromettre la qualité de l'ombre.

Dans la création de rendus nocturnes, nous négligeons souvent à quel point le monde à l'extérieur peut être sombre. Si nous examinons les photographies des extérieurs la nuit, en particulier dans des zones éloignées du centre-ville avec toutes ses lumières au néon et ses enseignes, on observe facilement comment l'influence de la lumière artificielle diminue rapidement. La profondeur de l'obscurité est beaucoup plus prévalente que ce que nous imaginons et souvent plus prononcée que la manière dont nous la représentons dans nos rendus.

Ci-dessous, trois exemples authentiques de photographie nocturne prises dans des lieux éloignés des lumières de la ville sont présentés. La profonde obscurité dans chaque image est étonnamment évidente.

Dans la photographie nocturne des zones isolées, l'impact de l'obscurité est plus prononcé que dans les paysages urbains bien éclairés. Loin des lumières de la ville, les scènes nocturnes sont dominées par des ombres profondes, avec seulement quelques sources de lumière qui percent la pénombre. Ce type de cadre offre une sensation authentique de la nuit, où l'obscurité prévaut et les sources de lumière sont rares. Pour les artistes du rendu 3D, reproduire cet équilibre entre lumière et obscurité est fondamental pour obtenir une représentation réaliste de tels environnements. C'est un défi, mais cela aide à transmettre la véritable atmosphère de la nuit dans des lieux éloignés.

 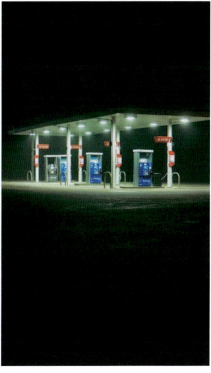 

Lorsque l'objectif est d'obtenir des images photoréalistes pendant la nuit, l'approche courante consiste à utiliser des lumières artificielles. Cependant, avec le paramètre "intensité de la lune", il est tout à fait possible de créer des rendus nocturnes éclairés exclusivement par la lumière lunaire. Celle-ci, en pratique, fonctionne, jusqu'à un certain point, comme la lumière du soleil. Je n'ai jamais réalisé de rendus nocturnes en utilisant uniquement la lune, mais il est certainement possible de créer des images évocatrices, même si elles ne sont pas strictement photoréalistes. Voici un exemple où la lumière de la lune joue le rôle principal.

Examinons les paramètres utilisés pour le rendu

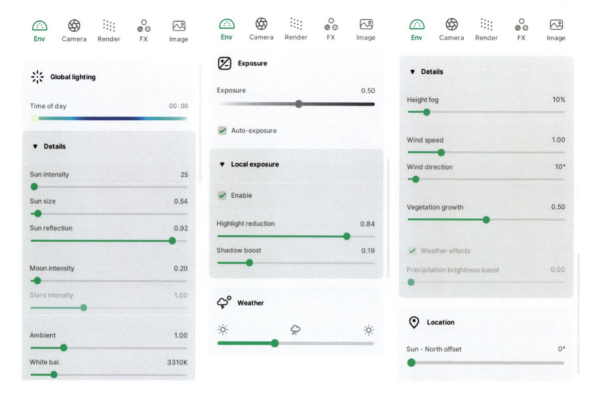

Comme vous pouvez le voir, j'ai utilisé un réglage relativement bas pour l'intensité de la lune. Cela garantit que la lumière lunaire n'est pas excessivement brillante, ce qui rendrait le rendu trop plat avec un contraste étrange. Les paramètres du Path Tracer sont fixés à 1024 échantillons et 10 rebonds.

En laissant derrière nous la scène éclairée par la lune, approfondissons les trois images ci-dessous. Elles représentent des rendus nocturnes dans trois environnements distincts : un contexte urbain, un espace intérieur et un environnement avec des éléments naturels comme la végétation. Nous utiliserons ces références dans les paragraphes suivants.

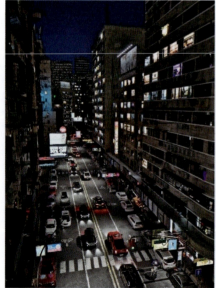

Les paramètres mentionnés ci-dessus sont les mêmes que ceux que j'ai utilisés pour ces rendus nocturnes. La seule distinction se trouve dans l'image centrale du rendu intérieur. Pour éviter des artefacts et mieux gérer la présence du verre, j'ai ajusté les paramètres à 2048 échantillons et 20 rebonds. Pour la troisième image, le paramètre de la Brume en Hauteur (Height Fog) est réglé à 60%.

Un Nouveau Jour : Rendus avec Lumière Diurne Nuageuse

Les conditions nuageuses peuvent être parmi les plus difficiles à représenter. La lumière est diffuse, avec des ombres douces et une palette de couleurs atténuées. Pour capturer efficacement cette atmosphère, réduisez l'intensité de votre principale source de lumière et exploitez la lumière ambiante. Cela aidera à reproduire la douceur caractéristique d'une journée nuageuse.

En ce qui concerne le photoréalisme, je dois reconnaître que les conditions nuageuses produisent une atmosphère d'éclairage unique qui est particulièrement favorable pour obtenir des rendus réalistes. La magie derrière cela réside principalement dans la lumière ambiante et diffuse. Sous un ciel nuageux, celle-ci agit essentiellement comme un grand diffuseur, dispersant la lumière solaire de manière uniforme et réduisant la formation d'ombres nettes.

Cette lumière ambiante est indirecte et se diffuse de manière uniforme, enveloppant les objets de tous les angles. Cet éclairage doux et enveloppant réduit les contrastes forts, donnant une tonalité plus cohérente et délicate à la scène. Une lumière aussi uniformément dispersée met en valeur les détails subtils dans les textures et les surfaces, améliorant la profondeur et le réalisme d'un rendu. Lorsque cette lumière naturellement douce et équilibrée interagit avec les matériaux et les textures, la scène acquiert une qualité photoréaliste incomparable qui est à la fois captivante et crédible.

Dans les jours nuageux, le rendu des espaces intérieurs bénéficie de la lumière ambiante diffuse qui pénètre à travers les fenêtres et les ouvertures. Sans la lumière solaire directe, on évite les ombres nettes et les contrastes intenses. Au contraire, on obtient un éclairage uniforme, similaire à ce que l'on obtiendrait avec un softbox dans un studio photo.

Cette lumière uniforme met en valeur les détails : les textures sur les murs, les veinures dans les tissus et les surfaces des meubles deviennent plus évidents sans ombres dominantes. Cependant, il est important de ne pas laisser la scène devenir excessivement plate. En ajoutant quelques contrastes, peut-être avec un éclairage artificiel ou des surfaces réfléchissantes, on peut contribuer à ajouter de la profondeur.

En bref, utiliser l'éclairage d'une journée nuageuse dans le rendu des intérieurs peut produire des images réalistes et détaillées, faisant paraître les espaces calmes et uniformément éclairés.

Pour ces rendus, voici les paramètres environnementaux utilisés.

Sous le soleil éclatant : Rendu sous un soleil brillant

Les journées ensoleillées, bien qu'elles offrent de la vivacité et des contrastes nets, présentent une série de défis lorsqu'il s'agit de réalisme dans le rendu 3D. La lumière solaire intense peut naturellement intensifier les couleurs d'une scène, risquant ainsi une sur-saturation où les couleurs apparaissent de manière artificiellement vive, donnant un aspect peu réaliste au résultat.

De plus, bien que les ombres nettement définies soient typiques des journées ensoleillées, elles peuvent paraître excessivement marquées dans les rendus, donnant une impression d'artificialité à la scène, surtout si les bords des ombres sont trop nets sans transition douce.

Pour surmonter ces défis, des ajustements aux paramètres tels que la saturation et le contraste sont cruciaux.

Les paramètres environnementaux pour le rendu illustré dans les trois images ci-dessus sont les suivants :

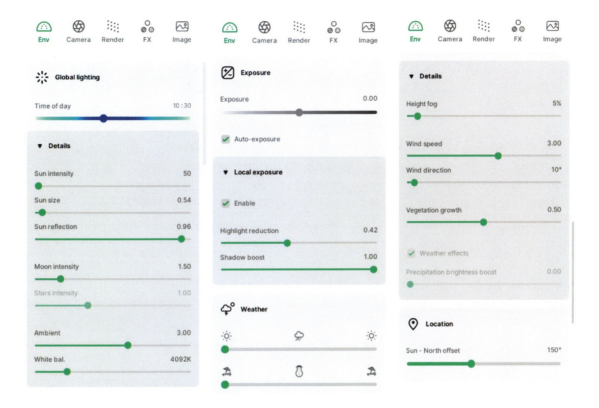

Conclusions

En arrivant à la conclusion de ce voyage dans l'art de la modélisation 3D et de la création graphique photoréaliste, il est temps de faire le point. En vous suivant jusqu'ici, vous avez non seulement acquis des techniques fondamentales et des méthodologies pour travailler avec une gamme d'outils logiciels, mais vous avez également exploré les nuances de la création de différentes conditions environnementales en exploitant les capacités des moteurs de rendu tels que Path Tracer, Lumen et même le moteur Raster moins courant.

Tout au long des chapitres, vous avez exploré une gamme de scénarios : des environnements extérieurs éclairés par la lune, des intérieurs sous les nuages, des scènes urbaines animées et des paysages naturels. Chacun de ces scénarios a présenté des défis uniques, mais maintenant, armé des connaissances que vous avez acquises, vous êtes prêt à relever tous ces défis.

En revenant sur les chapitres pour une révision régulière, cela peut être extrêmement gratifiant. N'oubliez pas que le chemin vers la maîtrise de la modélisation 3D nécessite une pratique constante. À mesure que vous avancez, gardez à l'esprit ces rappels fondamentaux :

- Choisissez le bon moteur : Path Tracer et Lumen ont chacun leurs propres forces uniques, mais comprendre quand utiliser chacun d'eux en fonction de la scène et de l'atmosphère souhaitée est essentiel. De plus, bien que le moteur Raster puisse ne pas être votre choix principal, comprendre ses nuances peut offrir une vision plus profonde du panorama général de la modélisation.
- Maîtrisez le jeu de lumière : Comme souligné précédemment, la lumière peut être à la fois une alliée et une adversaire. Assurez-vous d'obtenir le bon équilibre, en particulier les jours ensoleillés, pour éviter des résultats qui basculent vers une sur-saturation ou un aspect peu réaliste.
- Le diable est dans les détails : Les détails de votre scène peuvent avoir un impact significatif sur son réalisme. La familiarité avec les paramètres, qu'il s'agisse du contraste, de la saturation ou de l'intensité de la lumière, peut transformer votre résultat d'ordinaire à exceptionnel.

En résumé, l'objectif de ce livre était de vous fournir une base complète, renforçant vos compétences en modélisation 3D. Les connaissances et les techniques que je vous ai montrées servent de tremplin pour d'autres réalisations graphiques, facilitant la création d'images de plus en plus époustouflantes et réalistes.

Au fur et à mesure de votre progression, il est essentiel de se rappeler que la maîtrise de la modélisation 3D, comme toute forme d'art, évolue constamment. Restez à jour avec les nouvelles innovations, apprenez de nouvelles techniques et, surtout, profitez du voyage. Votre passion et votre dévouement à l'art brilleront dans chaque scène que vous créez.

N'oubliez pas que j'ai utilisé et testé Lumen dans Twinmotion en utilisant une version bêta de Twinmotion. Certaines modifications peuvent être apportées dans la version finale. Cela n'affectera pas ce que vous avez appris dans ce livre ; vous pourriez simplement avoir accès à certaines fonctionnalités supplémentaires et à des améliorations qui ne sont pas disponibles aujourd'hui.

Luca Rodolfi

Printed by Amazon Italia Logistica S.r.l.
Torrazza Piemonte (TO), Italy

53324593R00092